— 学习高手“攸”方法 —



# 让学习更有方法

攸佳宁工作室 著

SPM 南方传媒
全国优秀出版社
全国百佳图书出版单位
广东教育出版社
·广 州·

**图书在版编目（CIP）数据**

让学习更有方法 / 攸佳宁工作室著 . -- 广州 : 广东教育出版社 , 2024. 8. -- (学习高手“攸”方法 ).

ISBN 978-7-5548-6076-2

Ⅰ . G442-49

中国国家版本馆 CIP 数据核字第 2024263AD4 号

**让学习更有方法**

RANG XUEXI GENG YOU FANGFA

出 版 人：朱文清
策划编辑：卞晓琰
责任编辑：冯玉婷　刘　玥
责任技编：杨启承
责任校对：朱　琳
封面设计：林彦孜
出版发行：广东教育出版社
（广州市环市东路472号12-15楼　邮政编码：510075）
销售热线：020-87614531
网　　址：http://www.gjs.cn
邮　　箱：gjs-quality@nfcb.com.cn
经　　销：广东新华发行集团股份有限公司
印　　刷：广州市岭美文化科技有限公司
（广州市荔湾区花地大道南海南工商贸易区A幢）
规　　格：787 mm × 1092 mm　1/16
印　　张：9
字　　数：180千
版　　次：2024年8月第1版
2024年8月第1次印刷
定　　价：36.80元

# 目录

# 1. 目标订立三步法，提分有效有方法

1分钟
小漫画

# 走出舒适区

以前学习起来就像玩游戏一样轻松。
可是现在年级越来越高，学习却变得越来越吃力，也找不到方向和目标。
每天都在焦虑和着急中度过，总是感觉自己学不会。
哎，要是妈妈知道我总不在状态，会不会很生气？
真是让人头疼啊！我该怎么办呢？

## 攸攸教授有方法

在学习中，你是否也常常感到疑惑，明明付出了很多努力，但是成绩却没有得到提高？很多时候，这并不是因为我们不够聪明，而是因为我们走在了错误的道路上！科学的目标管理，能让我们少走弯路，更高效地达到我们给自己设立的目标！

## 学习的三区理论

心理学家提出我们的学习分为三个区，分别是舒适区、学习区和恐慌区。举个简单的例子：当我们刚开始学习游泳的时候，在浅水区里，时不时地憋一会儿气，憋气对我们来说是一件很轻松的事。此时，待在浅水区里的我们，就处在了舒适区。

舒适区是指我们熟悉和习惯的区域。在舒适区中，我们没有太多的挑战和压力，所设定的目标能相对轻松地完成。然而，如果我们一直停留在舒适区，就很难有进步和成长。

## 学习区

这就好比我们一直待在浅水区里，只是时不时地憋一会儿气，就无法学会游泳。练习一下蹬腿摆手，憋着气漂一会儿，对我们来说可能有些难度，但努力练习也是能够做到的，还能帮助我们学会游泳。这时，我们就进入了学习区。

学习区是指能够让我们有效学习和收获成长的区域。在学习区中，我们面临一些相对新颖和具有挑战性的任务，需要付出更多的努力去学习，以适应新的要求。

## 恐慌区

有些时候，当我们太急于学会和掌握一样东西，就可能不自觉地步入恐慌区。比如，在刚开始学习游泳的时候，让我们直接换气游上5个来回，任谁也做不到。

恐慌区是指我们的能力与任务要求严重不匹配的区域。在恐慌区，我们可能感到极大的压力和不安，无法有效应对任务，并可能出现焦虑和恐慌的情绪。

那么，怎样制定目标能让我们更好地走进学习区，扩大舒适区，避免陷入恐慌区呢？

## 目标设定三步法

首先，有效的学习目标具备三个特征：清晰具体，长短期结合，难度适当。我们可以依据这三个特征，分三步来设定我们的学习目标。

### 第一步：找到具体目标

“我要变聪明”“我要得到老师的表扬”“我要考到前十名”，哪一个是清晰具体的目标？当然是“考到前十名”最具体。

想不到具体的目标时，我们可以先问问自己，模糊的目标需要怎么做才能达成？慢慢的，你就会找到具体的目标。比如说，我想“提高我的数学成绩”，这样的目标是不够具体的，要提高数学成绩，可能需要“掌握数学课本上的基本概念及公式”并且“做练习”来巩固知识，提高解题速度和准确性。那么“掌握数学课本上的基本概念及公式”和“做练习”就是我们找到的具体的目标了。

## 第二步：量化目标

好的目标有两个量化的方式，分别是“达成时间”和“期望结果”。

在“考到前十名”这个目标上，“前十名”是期望的结果，但究竟什么时候要考到前十名呢？下次月考？期末考？还是毕业考试？另外，是考到班级前十名，还是年级前十名呢？因此，更好的目标应该是“我要在期末考试，考到班级前十名”。

## 第三步：来一些挑战

前面我们提到了学习的舒适区、学习区和恐慌区，想必大家肯定都得到了启发。

比起过难和过易的目标，那些有一点难度但通过努力还是能实现的目标，更能激发我们的学习动力。当然，“难度”是相对的，同一个目标，例如“在期末数学考100分”，平时考90分和70分的同学感受肯定不同。因此，我们不能忽视自身状况，盲目照搬别人的学习目标，只有适合自身的才是最好的。

再举个例子，我现在是班级的第二十名，如果我的目标是“不能退步三

名”，那么，我们在学习时就可能会懈怠、偷懒，不能集中注意力。但如果我的目标是“进入班级前五名”，那么这个任务又会难度过大，在学习时就可能产生退缩心理，变得不自信，因为压力太大而总是出错。所以，我们一定要了解自己目前的水平，每次定的目标，只要比原先有一点点进步就可以了，比如“前进三名”“前进五名”“每科提高5分”都是比较合适的。

## 攸攸教授心里话

在制定目标时，我们也可以让爸爸妈妈或者老师一起参与，他们很了解我们的能力水平，可以帮助我们找到最适合自己的目标。

同时，我们也可以和爸爸妈妈提出，如果目标达成的话，能否得到一些小奖励，相信爸爸妈妈看到我们的进步一定是很高兴的，很大可能会同意！

# 2. 使用目标拆解法，每天进步一点点

# 前　五！

我有个目标，那就是冲进班级前五名！
班级前五名
但这个目标好像有点高不可攀，毕竟我现在还在班级中游。
班级前五名
妈妈和老师都轮番上阵。
英语拖后腿了。
得加把劲提高。
但是英语到底该怎么学呢？光是背单词就让人觉得索然无味了。
哎，这个目标，看来有点悬啊。
班级前五名

## 攸攸教授有方法

假设我们的目标是读完一本厚厚的课外书，一开始我们可能会觉得很困难，无从下手；但是，如果我们把目标分解成每天读一个章节，那就会容易多了。这时，我们就可以一天一天地完成小任务，最终达到读完整本书的目标啦！学会拆解目标，让目标变成更具体的、需要较短时间的小任务，才能让我们更好地落实执行，更高效地达成目标！

## 奥运冠军的智慧

陈一冰是我国著名的体操运动员，但是他初进国家队时成绩并不出色。那时他并不敢给自己一下子就设立夺下世界冠军、奥运冠军的目标，而是默默地给自己设立了一个小目标：即使不能出成绩，也要成为国家队最努力的运动员。之后的日子，他每天比别人多练1个到2个小时，成为队里最努力的人。在教练的指导下，陈一冰制定了一个又一个新的小目标：为了参加全国比赛，他将目标定为进入全国前八名，目标实现后，又逐渐变成第七名、第六名。陈一冰一步一个脚印地向前迈进，最终凭借刻苦的训练和科学的方法，获得了世界冠军和奥运冠军。

## 目标拆解四问

体操名将陈一冰的例子向我们充分展示了拆解目标的重要性。所以，接下来我就给大家介绍“目标拆解四问”，让你的每一次小努力，都切切实实地走在实现大目标的道路上。

### 第一问：怎样把我的大目标切成一块块呢？

这个问题可以帮助我们将大目标拆解成一个个阶段性的小目标。例如，我们可以想想“距离期末考还有两个月，我的英语成绩现在是C等级，我想要考到A等级，可是一下子从C考到A太难了，那么从现在开始到下个月，我可以提升多少呢？”你的答案也许是“下个月，可以考到B”。于是我们就把大目标拆分成两个小目标：第一个月，英语成绩从C提升到B；第二个月，英语成绩从B提升到A。当然，如果是更加遥远的大目标，我们可能还需要拆分成更多阶段性的小目标。

## 第二问：做哪些事情可以帮助我达成目标呢？

这个问题可以帮助我们进行发散性思考，确保不会遗漏任何一个重要的环节。以英语考试为例，想要提高成绩，我们可能会想到“要背单词”，但这还不够全面，我们可以再问问自己“英语考试除了考单词之外，还考什么内容呢？”这时我们就会回忆起来，除了背单词，还要练习阅读和听力、学习语法、储备写作句式等。要想提高英语成绩，必须从多个方面一起提升，才能产生明显的效果。

## 第三问：哪些事情是我最需要做的呢？

这个问题可以帮助我们在所列举出来的众多选项当中，找到自己最需要提升的几个方面。回到前面英语考试的例子，我们可以针对英语考试的内容问问自己：“上次考试的时候，我有多少单词是看不懂的？”“能不能读懂文章？”……

如果我们连单词都看不懂听不懂，那么就应该花更多的时间去熟读和记忆单词；如果单词我们都能看懂，但无法理解文章意思，那就要更专注于语法和句型。通过这些问题的答案，我们就会找到自己最需要提高的方面了。

## 第四问：每件事需要花多少时间呢？

这个问题可以帮助我们将更多的时间分配在更重要的任务上，用最省力的方式，取得最明显的效果。问这个问题时，除了回顾上一个问题中各个任务的重要性，还要考虑自己有多少可利用的时间。例如，我们完成必要的作业后，每周都有6个小时的额外学习时间，假如对你来说提高英语成绩最重要的是“背单词”，第二重要的是“写作文”，然后是“英语阅读”，那么我们可以给自己安排3个小时的“单词背默”、2个小时的“写作句式储备”和1个小时的“英汉对照阅读练习”。

这里有一个空白的目标拆解四问表，快来填一填，把你的大目标拆解成更容易执行的小目标吧！

**目标拆解四问表**

| 目标拆解四问 | 我的回答 |
| --- | --- |
| 1. 怎样把我的大目标切成一块块呢？ | |
| 2. 做哪些事情可以帮助我达成目标呢？ | |
| 3. 哪些事情是我最需要做的呢？ | |
| 4. 每件事需要花多少时间呢？ | |

## 攸攸教授心里话

看看那些成绩优秀的同学们，他们总是特别擅长发现自己需要提高的方面。就像我们最初只觉得“单词背得不熟练”，慢慢地发现其实是“动词的不规则变化总是记不牢”。起初我们感觉好像有一张大网要修补，但当我们把问题拆解开来，就像是在网上找到了一个小小的洞，需要修补的地方就变得更明显了，我们也就更有动力去做了。

## 3. 运用目标梯度效应，提高学习执行力

1分钟小漫画

# 原地奔跑

每天的学习好枯燥啊！
明明学得那么努力，可是感觉自己像是在原地踏步。
这感觉就像是在跑步机上狂奔，汗流浃背的……
呼！
呼！
呼！
可是实际上根本就是在同一个地方折腾。
要是有一个进度条，能让我看到自己确实在进步就好了！
80%

## 攸攸教授有方法

俗话说：“好的开始，是成功的一半。”我们想要有好的结果，光有目标是不够的，关键还要看执行力。了解目标梯度效应，并学以致用，我们才能提高学习执行力，让目标圆满完成！

## 目标梯度效应是什么？

目标梯度效应意味着当我们逐渐接近目标时，会比之前更加努力。越靠近目标，我们完成目标的动力就会越大。就像我们跑步时，临近终点是不是会咬紧牙关冲刺呢？

再举个大家都熟悉的例子：一些咖啡店有“买十赠一”的活动，即顾客累计购买10杯咖啡，就可以得到1杯免费的饮品。有研究者在举办“买赠”活动的咖啡店进行了一项实验：他们设计了A、B两种盖章卡片，A卡有10个格子，起初上面没有任何印章，顾客购买第一杯咖啡时就会盖上第一个印章；B卡有12个格子，但一开始已经盖了两个印章，顾客购买第一杯咖啡时就会盖上第三个印章。实际上，无论使用哪种盖章卡片，顾客都需要购买10杯咖啡才能获得免费赠饮。那么，哪种盖章卡片能更有效地激励顾客更快地买满10杯咖啡呢？

研究结果显示：B卡的激励效果更优。使用B卡的顾客消费动力更强，他们会更频繁地去到咖啡店，也能更快地买满10杯咖啡，从而获得赠饮。这是因为B卡一开始就盖上了两个印章，让顾客感觉自己更接近目标了。而这就是目标梯度效应产生的影响。

## 目标梯度效应的日常应用

在生活中，我们常常受到目标梯度效应的影响，尤其是在我们喜爱的游戏中。游戏中的大任务通常由多个小任务组成，每完成一个小任务，我们就离大任务更近一步。

如果我们想反向利用目标梯度效应来提高自己的执行力，就必须做好这三件事：让目标具有吸引力，让任务具象化，让执行具有惯性。

### 第一步：让目标具有吸引力

我们需要有意识地为枯燥的学习、写作业等事情增添动力，就像给内心的小火箭加注燃料一样。这些燃料可以是来自他人的奖励，也可以是为自己设定的目标奖励。例如，这周的作业和练习都高质量地完成了，那么就可以请求爸爸妈妈给我们实现一个小愿望，或者我们对自己说一句“我太棒了！”

## 第二步：让任务具象化

前面我们已经学习了如何量化任务和分解目标。现在，我们可以根据分解的目标来绘制一个进度条。

总进度条由每个任务的小进度条组成。每完成一个小目标，就可以给相应的进度条涂上颜色。

在画任务进度条时，我们要充分利用截止日期。当有明确的截止日期时，我们会自觉抵制其他诱惑，保持专注，从而提高效率。

这里教给大家一个画任务进度条的小技巧。我们可以参考咖啡店的实验结果，即任务进度条的前面可以画得长一些，后面短一些。这样，在完成前面的任务后，我们会感觉自己离目标更近了，动力自然也就更强了。

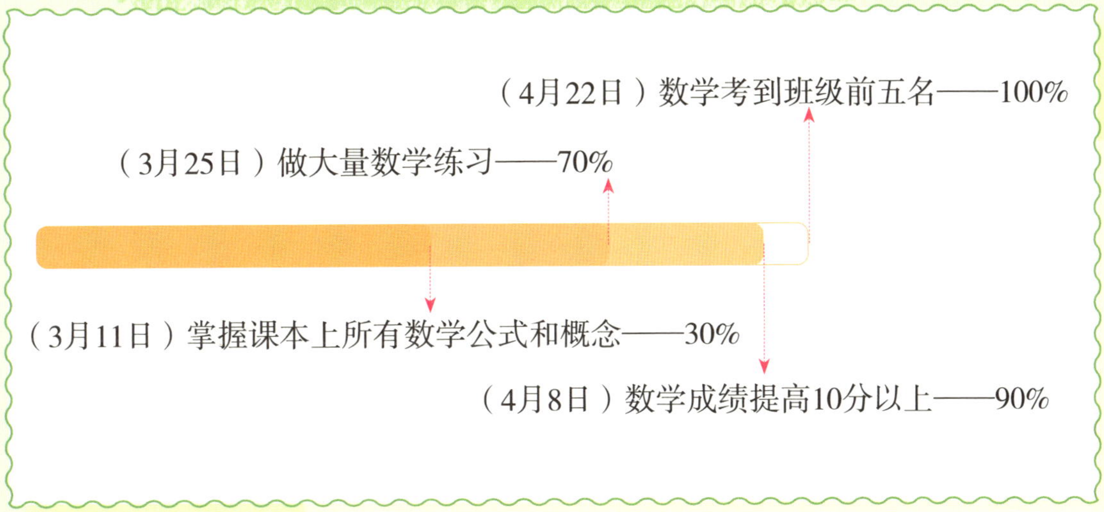

### 第三步：让执行具有惯性

利用启动式任务来帮助自己开始行动。这个启动式任务就像电源开关一样简单。它可以是“从床上坐起来”，也可以是“写下第一行字”等非常简单的行动指令。这一步的目的是给我们一种仪式感，就像上课铃响了，我们就知道要回教室上课一样。当我们通过启动式任务形成心理惯性后，维持学习行为就会变得容易，这也是对抗拖延的一个“小妙招”！

总的来说，目标梯度效应会让我们产生一种“我们在不断进步”的感觉。当我们完成一个又一个小任务时，接近目标时的兴奋感和完成目标后的成就感会让我们愿意一直坚持这种行为。

### 攸攸教授心里话

在画任务进度条的时候，你也许会对每个任务的截止时间有所疑惑。不妨和爸爸妈妈一起拿着日历或者手表，计算并标注一下每个任务所需要的时间。如果我们能够学会时间规划，完成学习任务的难度也会大幅度降低！

# 4. 建立时间观念，拆解任务有方法

# 拖延症

天哪，今天又和作业大战到了12点！
早知道吃晚饭时就不那么磨磨蹭蹭了。
写作业的时候还总是东张西望。
唉，明天上课肯定又要打瞌睡了。
我也不想总是被老师批评，可每次看到这么多的作业，就忍不住想犯懒拖延，谁能帮帮我呢？

## 攸攸教授有方法

俗话说：“一寸光阴一寸金，寸金难买寸光阴。”但我们好像总会在学习时三心二意、犯懒拖延。看到我们拖拉，爸爸妈妈还总会跟我们说：“你要有时间观念啊，你要把握好时间啊。”这时我们可能会摸不着头脑，到底什么是时间观念呢？时间仿佛是一个小精灵，悄无声息地就溜走了，想要抓住它，我们首先就要认识它！

## 时钟的历史

说到时间，你是不是会想到手腕上的手表或者家里墙上的时钟呢？那么你对时钟的历史了解多少呢？

### 一、圭表和日晷：最古老的时钟

中国古代最早主要用圭表和日晷（guǐ）进行时间的计量。这两者都以太阳为观测对象。

其中圭表最为简单，早在公元前20世纪就已经出现。它由“圭”和“表”两个部件组成。圭是平卧的尺，表是直立的标竿，表放在圭的南、北端，与圭垂直，根据“表”的日影长短可以确定时间，用圭表测量正午时分的表影长度还可以定节气、定年长。圭表是我国重要的非物质文化遗产，我国古代人民正是用圭表测量和规定了二十四节气。

日晷起源于圭表，是利用表影的方位变化来测定时刻的计时仪器。日晷通常由晷针（表）和晷面（带刻度的表座）组成，利用太阳的投影方向来测定并划分时刻。

但是每到夜间或阴雨天，圭表和日晷就失去了它原本的功能，于是聪明的古人又发明了水钟。

## 二、漏刻：最早的机械时钟

漏刻就是水钟的一种，其中“漏”是指带孔的壶，“刻”是指附有刻度的浮箭，主要通过均匀水流导致的水位变化来显示时间。后来又演变出水力推动机械计时的工具，圆明园的十二生肖兽首就是一个大型水力钟的组成部分，每颗兽首代表一个时辰。

小贴士：时辰是中国的计时单位。一个昼夜分为十二个时辰，每一时辰相当于现在的两小时。

## 三、摆钟：最具革命性的时钟之一

摆钟最早由意大利物理学家伽利略发现原理，并由荷兰数学家惠更斯设计制造。它利用摆锤在重力作用下的周期性摆动来测量时间。

## 四、机械钟：最普及的时钟之一

机械钟最早由中国宋朝的苏颂发明，并由欧洲人改进和发展。它利用齿轮、弹簧、发条等机械部件来驱动指针或数字，从而显示时间。机械钟的发展经历了大型机械钟时期，后来成为小巧精致的工具，怀表、手表的发明极大改变了人们的生活。

## 五、电子钟：最现代的时钟之一

电子钟借助电流、电压、电阻等电子元件产生稳定的振荡信号来测量时间。随着微电子技术和计算机技术的飞速发展，电子钟的功能不断扩展和升级。现代电子钟不仅具备基本的计时和显示功能，还增加了闹钟、计时器、日历显示、温度显示等多种附加功能。

## 量化时间的好方法：日常时间记录表

看到这里，你是不是觉得时间就是日晷上太阳的影子，或是水漏里流动的水，或是摆锤的摆动，抑或钟表上的数字？想要抓住时间，就需要更清晰地看见时间小精灵的样子，看到它和每项任务之间的联系。那如何才能做到呢？

日常时间记录表就可以帮助我们，而且它非常简便易行，只需一块手表。具体怎么做呢？在进行一项日常任务时，我们先摁下秒表，等任务完成后，再查看并记录下完成这项任务所需要的时间。当然，我们要及时把任务所花费的时间记录到表格里，不然很容易忘记或者记错。

**日常时间记录表**

| 日常项目 | 花费时间/分 |
| --- | --- |
| 起床穿衣 | |
| 洗漱 | |
| 吃早餐 | |
| 去学校 | |
| 读一篇400字的课文 | |
| 背20个英语单词 | |
| 吃午饭 | |
| 睡午觉 | |
| 回家 | |
| 写作业 | |
| 整理书包 | |

用这个表格连续记录一周，我们会发现，假如我们起床穿衣需要5分钟，刷牙要5分钟，吃早餐要15分钟，上学路程要20分钟，而学校要求7:30到校的话，那么我们最迟6:45就得起床，这样才不会迟到。

通过这个表格，我们也能对自己学习所花的时间有大概的了解，比如一般我们背20个英语单词要15分钟，读完一篇400字的课文需要5分钟。通过这些记录，我们会发现：原来我做这件事要花这么多时间啊。这样，下次我们就知道需要提前预留更多时间在这件事上，不然肯定会来不及，甚至可能会影响后面的任务了。

在记录时间的过程中，我们的时间观念会不知不觉地变强，对日常任务要花多少时间也会做到心中有数了。

有了时间观念，我们也就能更好地拆解和安排学习任务，同时还能降低我们完成任务和目标的难度，从而更高效地实现我们的目标！

## 攸攸教授心里话

时间是我们吃饭前依依不舍的动画片，是我们学习时不肯放下的零食，是我们熬夜赶作业后的黑眼圈，是我们上课走神时玩的橡皮，还是爸爸妈妈脸上的皱纹和我们不断长高的身体。吃饭时，时间从我们的饭碗边溜走；洗脸时，时间从水里流走；睡觉时，时间又从我们的身上大步大步地跨过，从我们脚边飞走。

高尔基说：“世界上最快而又最慢，最长而又最短，最平凡而又最珍贵，最易被忽视而又最令人后悔的就是时间。”我们的一生只有三天：昨天、今天和明天。昨天已经过去，永不复返；今天已经和我们在一起，但很快就会过去；明天就要到来，但也会消逝。所以，让我们抓紧宝贵的时间，把它用在有意义的事情上吧！

# 5．巧用番茄时钟法，合理分配学习任务

# 分　心

唉，数学作业可真是个大麻烦！
花了整整两个小时才搞定。
我老是写着写着就开始分心，
刚开始做题就想玩一会儿手机、扫一眼电视，完全无法集中精力。
有没有什么方法能让我专心致志地快速完成作业呢？

## 攸攸教授有方法

你是否有这样的经历——写作业时总是打算一鼓作气，把整个周末的作业都写完，但坚持不了一个小时，就开始分心，眼睛停在某一页不动了？这是因为我们的注意力本来就不能持续那么长时间。为了解决这个问题，我们需要学会合理拆解任务，设定适当的休息时间，劳逸结合，这样才能更高效、轻松地完成学习任务！

## 番茄时钟法是什么？

20世纪80年代末，弗朗西斯科·西里洛从一只长得像番茄的厨房计时器得到灵感，发明了番茄时钟法。它的原理就是将完整的学习时间分割成几块，比如我们每专注学习25分钟，就可以休息5分钟，完成4个“番茄钟”可以多休息一会儿。

## 番茄时钟法怎么运用？

番茄时钟法需要的工具非常简单，只需要一个计时器，一些彩笔和一个本子。准备好了吗？我们一起往下做！

### 第一步：制订计划

首先，让我们一起来玩转作业清单！要做的第一件事就是列出所有作业，并估算每个作业需要多少个“番茄钟”来完成。如果还没想好，可以先通过前面学习的日常时间记录法来统计一下。假设一个“番茄钟”是25分钟，如果做完数学作业需要一个小时，我们就可以把它拆成2.5个“番茄钟”。

然后，让我们给任务分个类吧！比如将数学作业分为填空题、选择题、计算题和应用题。在第一个“番茄钟”里，我们可以完成填空题和选择题，然后休息5分钟；第二个“番茄钟”用来解决计算题和部分应用题，再休息5分钟；剩下的半个“番茄钟”可以专心做完剩下的应用题。而另外半个“番茄钟”也不能浪费，可以用来完成一些简单的花费时间少的任务，比如背诵数学公式。现在，让我们像玩游戏一样，轻松愉快地完成作业吧！

当然，一个“番茄钟”的时长并不固定，可以根据我们所在的年级来灵活调整。比如，你现在是小学一、二年级，那就试试10分钟或15分钟的“番茄钟”；

如果你已经三、四年级了，那就可以试试20分钟或25分钟的“番茄钟”；等我们再长大一点，还可以尝试更长的时间。

## 第二步：监督执行

想象一下，当我们启动了一个“番茄钟”的倒计时后，就像启动了一枚倒计时炸弹一样，我们要全神贯注地投入其中！上厕所、喝水这些小活动都要忍耐，等到休息的5分钟再来解决。而且，在一个“番茄钟”的时间里，不要随意切换学习任务，不然效率会大打折扣！我们还可以叫上爸爸妈妈来监督，他们看到我们专心学习的样子一定会感到无比开心！

使用“番茄钟”时，如果我们恰好完美地完成任务，那我们一定要给自己点赞！如果提前完成，可以利用剩余的几分钟复习巩固一下；如果剩余时间还有很多，可千万不要浪费，赶紧开始下一项任务！假如在规定的“番茄钟”内没有完成任务，也不要泄气，要是任务只剩一点点了，就加把劲完成；要是任务还剩一大半，那就休息5分钟，等下一个“番茄钟”再抓紧完成。

## 第三步：记录成果

这一步，我们需要记录当天的“番茄钟”完成情况。不仅要记录数量，还要记录任务完成情况和注意力是否受到干扰。记住，当天事当天记，好记性不如烂笔头。

另外，记录标记一定要简洁直观，让我们和家长都能轻松看懂。而且标记要保持前后一致，不能今天标红，明天标黄，后天标蓝。不然等到阶段性复盘时，我们就会很蒙了：“那天到底有没有完成这个‘番茄钟’啊？”

下面是一个番茄时钟记录表的例子，完成任务就在“完成情况”栏画个“○”；没有完成或中途被打断且没有继续就画“×”；如果花的时间少于预估的时间，就画“●”；如果花的时间多于预估的时间，就画“⦸”来表示额外需要“番茄钟”。最后，在代表完成情况的符号后加上实际的“番茄钟”数。

**番茄时钟记录表**

日期：

| 今日任务 | 预计番茄钟数 | 完成情况 | 完成的奖励 | 未完成原因 | 改进措施 |
|---|---|---|---|---|---|
| 抄写生字 | 1 | ○ | 喜欢的巧克力 | | |
| 背诵课文 | 1 | ○ | | | |
| 背英语单词 | 1 | ○ | | | |
| 做数学卷子 | 2 | ●1.5 | | | 以后再写，可以少预估一些时间 |
| 写英语作文 | 1 | ⌀2 | | 作业题目难 | 以后再写，要预估多两个番茄钟 |
| 总体情况 | | 总计完成6.5个 | 总计获得4.5分 | | |

我们首先进行复盘与优化，根据预估时间和实际时间的差距，分析原因并提出改进措施。比如在上面的表格中，给“写英语作文”的任务，定了1个“番茄钟”，但1个“番茄钟”时间到了，任务还没完成，需要第二个“番茄钟”。那在复盘之后我们就知道，下次再写差不多篇幅的作文时，要提前计划两个“番茄钟”了。

## 第四步：优化激励

接下来，是一个关键的环节——激励环节！激励可以很好地调动我们的积极性，让我们更加努力、更加专注地投入到每一个“番茄钟”去。所以针对当天的“番茄钟”完成清单，我们可以做一个分数总结：成功完成的“番茄钟”记1分，需要额外时间最终完成的标记为0.5分，而失败的则要扣0.5分。积满多少分就可以换取自己想要的奖励！

当然了，关于奖励的细节，包括积满多少分就可以兑换哪些奖励或活动时间，我们要提前和父母商议好！

### 彼彼教授心里话

巧用番茄时钟法，可以减轻我们的焦虑，合理安排学习和休息的时间，实现劳逸结合。每次25分钟的时间，可以让我们注意力集中，避免分心。并且，适当休息能让我们更容易维持持久又有效的状态。现在就行动起来吧！

# 6. 使用费曼学习法，攀登学习金字塔

1分钟小漫画

# 要是我也像老师一样……

## 攸攸教授有方法

公式、古诗、小短文……大段大段的背诵内容是否让你感到头晕眼花？死记硬背了一学期，期末还是记不住？背了下段，又忘了上段？如果你也有这些烦恼，快来试试“费曼学习法”吧，它能让我们的学习变得事半功倍，轻轻松松、快快乐乐地掌握新知识噢！

## 费曼学习法是什么？

费曼学习法是由诺贝尔物理学奖获得者、著名科学家理查德·费曼提出的一种高效学习的方法。

研究发现，费曼学习法能够最大限度地激活我们学习时的大脑状态。它的核心是“以教为学”，也就是说，我们要像小老师一样，用给别人讲课的方式来学习知识。只有当我们能够用自己的话把知识表达清楚时，才算是真正掌握了这些知识。

费曼学习法不仅能促使我们像小老师一样去学习，还能让我们开心地主动学习。虽然表面上看是我们在教别人，实际上在讲述知识点的过程中，我们也是在检查自己的掌握情况。当我们讲得磕磕巴巴或者根本表达不出来的时候，就意味着我们对这部分知识点还掌握得不够透彻，所以这也是一个查漏补缺的过程。

## 怎么掌握费曼学习法？

看到这里，你一定迫不及待地想知道如何掌握费曼学习法。其实一点都不难，只要跟着以下这几步，这个史上最强的终极学习法你也能轻松掌握！

### 第一步：制定目标

还记得之前学过的有效目标需要满足的三个条件吗？

答案都对，真棒！夸奖一下自己吧！没记住也不要气馁，翻回前面再复习一下。

### 第二步：整合复述

怎样检验我们是否完成了目标呢？复述是一个很好的方法！刚开始时，我们可能会对教别人这件事感到不好意思，那不妨先从讲给自己听开始吧。

找面镜子练习，或者借爸爸妈妈的手机，把自己讲的内容录下来，再反复听，听自己讲得是否流畅。我们可以从自己最拿手的知识开始复述，先建立起自信和热情来！

当我们有足够信心了，就可以讲给爸爸妈妈听，如果他们没听懂，我们就要想想自己是不是只照着书念，还没有转化成自己的语言去讲。如果我们能够讲给自己的同学、朋友、长辈听，同时融会贯通，用丰富的例子来支撑所讲述的知识点，还能对“学生”的提问应答自如，那我们就离扎实掌握知识的目标不远了！

## 第三步：串联知识

学习的道路，就好比是一节节火车车厢，每节车厢都装载着各种零散的知识点。这些知识点看似孤立，但实际上它们是相互关联的，就像是火车车厢之间都紧密相连一样。当我们把每节车厢的知识点学完后，如果没有把它们串联起一辆完整的列车（知识框架），那么当遇到一些复杂综合的问题时，我们就会感到手足无措。

一般来说，我们可以先按照书本上已有的顺序，也就是目录，来讲解知识。如果我们不仅能把单个的知识点讲明白，还能讲清楚各个章节之间的关系，那就说明这些知识点在我们的脑海里已经形成框架、形成体系了。搭建好框架之后，再学习新知识就会变得非常容易，我们就渐渐能够在学习的旅途上驰骋自如了！

有一个串联知识的好方法，那就是绘制思维导图。它能够帮助我们把多个知识点联系起来，用直观的方式看到知识点之间的逻辑关系。在后面的篇章中，我们会更具体地学习使用它。

## 攸攸教授心里话

我们在当“小老师”的时候，不仅可以逐步把知识变成自己的，同时也可以把公开演讲的勇气和能力变成自己的。现在开始运用费曼学习法，我们都可以成为“小小演说家”！

# 7. 掌握康奈尔笔记法，抓住知识重点

# 旋风笔记

同桌的笔记，整整齐齐，清清楚楚，真是让人羡慕！
我的笔记却总是乱糟糟的，像是被台风卷过一样。
笔记本
明明老师讲的时候我觉得很重要的，都有急急忙忙地写下来。
可是下课以后却发现全是废话，重点全丢了。
好想知道同桌是怎么做到的呀！

## 攸攸教授有方法

脑科学研究发现，在学习的时候，只“输入”不“输出”，大脑很容易中途放弃。所以，我们上课只听老师讲常常容易走神。想要解决这个问题，就要让“输入”与“输出”形成动态平衡，而最便捷、最高效的方法就是记课堂笔记。可是我们的笔记怎么才能记得又整齐又清晰呢？掌握康奈尔笔记法，我们就能充分利用课堂时间，同时收获重点满满的有效笔记了！

## 康奈尔笔记法是什么？

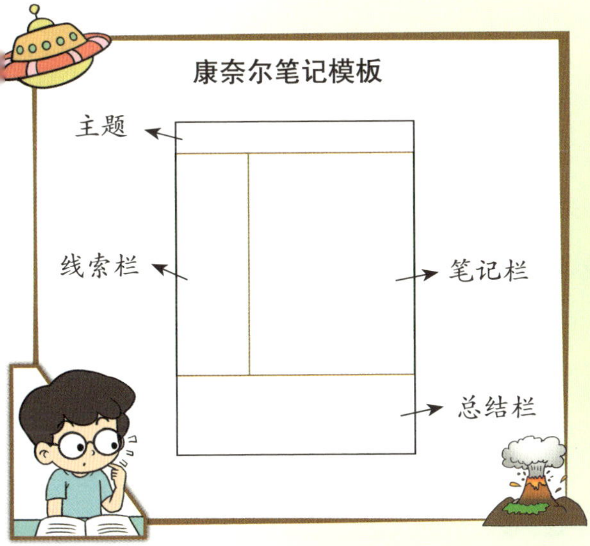


康奈尔笔记法来自美国常春藤名校康奈尔大学，被很多名校、名企广泛使用。在介绍这个方法之前，我们可以先想一想，常见的笔记可能存在什么问题：要么是漏记少记；要么是事无巨细，没有重点。

笔记记的都是零散记忆，又多又杂的知识点，就像很多散乱的珍珠。我们一次记不住这么多内容，需要一根“线”，把所有的珍珠都串起来。而康奈尔笔记法，就是把原来混作一团的笔记，像示例图一样分成了四个区域，其中线索栏和总结栏是核心，通过主题、关键词，把零散的知识点串起来，结构清晰，层次分明，又好记又好用。

## 康奈尔笔记法怎么用？

接下来，我们就按照课前准备、课中记录和课后复习三个时间点依次学习康奈尔笔记法的具体实操要点。以我们四年级学到的一篇课文《桂林山水》为例，一步一步做下来吧！

### 第一步：课前准备

康奈尔笔记的分区十分简洁明了，我们只需要在一张纸上根据示例图画几条线，就可以得到一个康奈尔笔记的模板了。

要注意的是，每个区块的空间有些区别，左边较小的空间为线索栏，右边较大的空间是笔记栏，底部是总结栏，顶部也可以留出几行写下笔记的主题。选用活页本是最方便后续分类和检索的。

在预习时，我们可以将上课的日期、科目和主题写在笔记顶部。

## 第二步：课中记录

做好充足的准备后，来到课堂上，我们要怎么做好笔记栏呢？

笔记栏就像康奈尔笔记的宝藏，它将直接影响后续的复习效果，所以大家要集中注意力，认真听讲，做好记录！现在，让我们来揭开笔记栏的神秘面纱，看看应该记些什么，有哪些好用的小贴士吧。

比如，语文课上，我们会学到最基本字词的认、读、写，以及像比喻、拟人等修辞手法，还有学习作者用词用字的巧妙、理解词句中蕴含的情感等。对于这些内容，在笔记中，需要记下修辞和写作手法的用法和作用，如果有时间也可以抄写一些精彩的词句作为例子。

在记笔记时，我们往往会遇到以下问题：一是容易陷入抄板书、抄课本的怪圈；二是为了美观而不断修改笔记，导致跟不上课堂进度。那么，应该如何解决这些问题呢？

记笔记的第一个要点就是简化笔记。我们需要学会抓住关键词，其他内容可以简略记录或者不记，同时也可以善用一些代号，只要自己看得懂即可。关键是要让笔记成为记忆的线索，帮助自己回忆课堂内容。

记笔记的第二个要点是分点与留白。给笔记分点做序号是非常重要的一步。仅仅是简单的1、2、3，就可以让笔记井井有条，在之后总结栏的填写时，引用对应知识点也比较方便。当然，在不同知识点之间留出一定的空间也非常重要，如果有新的相关知识或新的思考，都可以就近补充。适当的留白也会让笔记变得更加简洁好看。

最后，记笔记的过程中，如果我们跟不上老师的进度，有时候会错过某个知识点。这时候，应该为这个知识点适当留白，并在课后询问同学或老师进行补充。笔记是用来帮助我们跟上课堂节奏的，而不是转移我们注意力的，所以更重要的是重新聚焦关注点，记录当下的知识点。这样一来，就能轻松地记住课堂内容，提高我们的学习效率了！

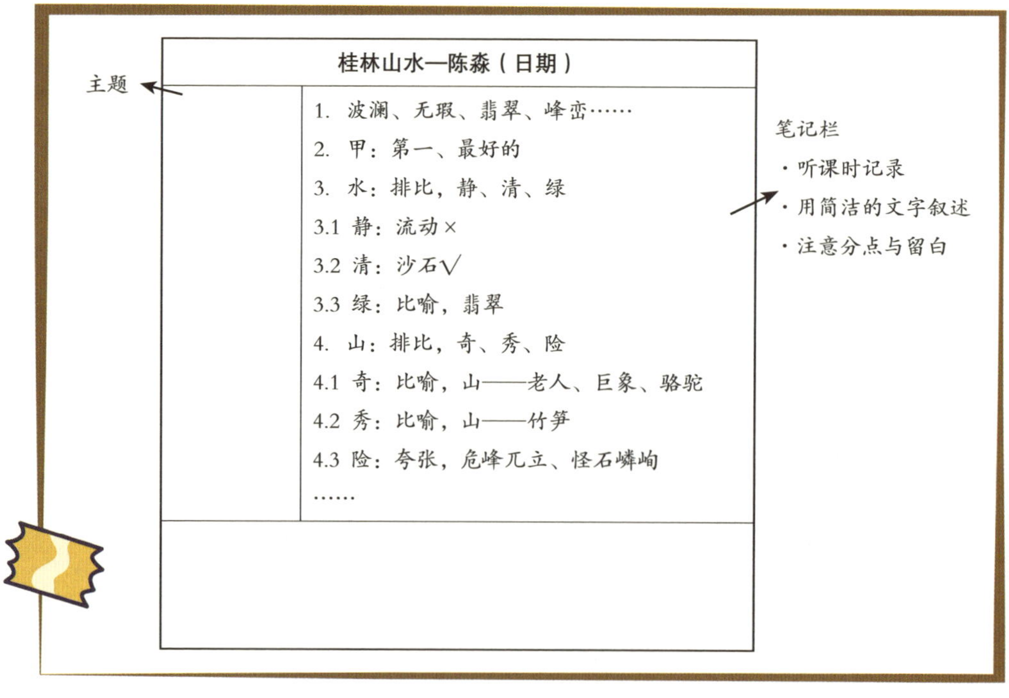

## 第三步：课后复习

上完课后，我们得迅速把笔记栏的主要观点和关键要素提炼出来，写进线索栏。线索栏的内容是我们复习时的得力助手，所以要简明扼要。

在复习时，可以遮住笔记栏，凭借线索栏的内容，尽可能完整地复述笔记栏中的知识。这就像是在进行一场智力挑战，让我们的大脑更活跃、更灵活！记笔记不再是单调的积累，而是变成了一场思维的锻炼，让学习充满乐趣和挑战！

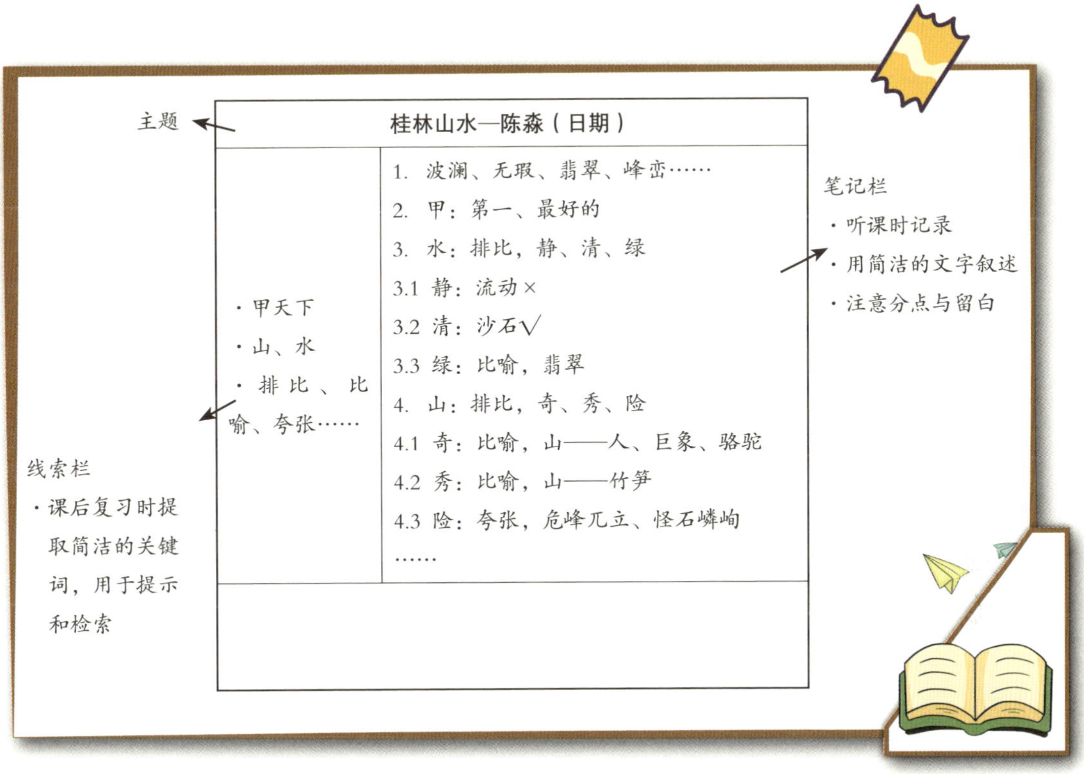

底部的总结栏就像是电视剧的大结局，我们需要用自己的话来将笔记内容进行总结。如果我们能够把笔记中的所有要点都娓娓道来，那就意味着我们已经对这些知识点有了很好的理解。

主题

<table>
<tr><th colspan="2">桂林山水—陈淼（日期）</th></tr>
<tr><td>· 甲天下<br>· 山、水<br>· 排比、比喻、夸张……</td><td>1. 波澜、无瑕、翡翠、峰峦……<br>2. 甲：第一、最好的<br>3. 水：排比，静、清、绿<br>3.1 静：流动×<br>3.2 清：沙石√<br>3.3 绿：比喻，翡翠<br>4. 山：排比，奇、秀、险<br>4.1 奇：比喻，山——老人、巨象、骆驼<br>4.2 秀：比喻，山——竹笋<br>4.3 险：夸张，危峰兀立、怪石嶙峋<br>……</td></tr>
<tr><td colspan="2">《桂林山水》中，作者用了排比、比喻、夸张等修辞手法描述了桂林美丽的山和水，呈现了一幅迷人的风景画，不愧说“桂林山水甲天下”……</td></tr>
</table>

线索栏
- 课后复习时提取简洁的关键词，用于提示和检索

笔记栏
- 听课时记录
- 用简洁的文字叙述
- 注意分点与留白

总结栏
- 课后复习时总结
- 总结笔记内容
- 记录自己的思考与体会

## 攸攸教授心里话

同学们，康奈尔笔记法是不是很简单？这样一种既可以帮助我们在课堂上集中注意力，又可以充当我们复习时的“武林秘籍”的高效笔记法，赶紧运用起来吧！

# 8. 总结归纳，从一道题吃透一类题

1分钟小漫画

# 不一样的错题集

## 攸攸教授有方法

同样都做了错题集，可是自己的错题集怎么一点用也没有？这可能是因为我们的错题集没用对。跟着攸攸老师的步伐，掌握错题集的正确用法，养成定期复盘习惯，高效提升学习力！

## 分阶段复盘错题集

培养定期复盘的第一个方法——分阶段复盘错题集。这个方法能把越来越厚的错题集变薄，减少我们再次犯错的可能性。这个方法分为两个步骤：

### 第一步：整理错题，把错题归类并总结答题规律

问问自己：错题集上有多少道题？根据知识点给题目归类，看看之前都错在什么地方。知道问题出在哪里，重点“攻克”它们，就可以让我们考出更好的成绩。

通常情况下，我们可以采用两种归类方法：第一种，根据题型分类，比如，数学的错题可以归为选择题、计算题、应用题等。假

如我们经常在应用题上出错，那么后期可以专门针对应用题进行复盘。第二种，根据题目考察的知识点分类，比如，数学可以分为计算题、图形题等，后期可以针对最薄弱的知识点进行专项复盘。归类可以在我们第一遍整理错题的时候就标注好，这样能节省复盘的时间与精力。

归类后还要分别总结每一类错题的答题技巧。这时候要再问问自己，这些题目我是错在哪里了？下次我可以怎么答题呢？分析出来之后，就记录在错题集的下方。

## 第二步：定期回顾，有针对性地进行专项训练

同一道题每重复做一次，就在题号上面画一个小圈，一般重复做3次左右，也就是看到3个圈的时候，这一类题型或者知识点我们就基本掌握了，然后，就可以把相关的题目划掉。如果我们是用活页本作为错题集，那就可以把那一页取下来。想一想曾经的错题越来越少，是不是非常有成就感？复盘的动力就更足了！

## 复盘流程三步法

培养定期复盘的第二个方法——复盘流程三步法，它针对的是较为复杂的学习目标，包括评估结果、分析原因和总结经验三个步骤。我们一步步来讲。

### 第一步：评估结果

我们要对照原来设定的目标，核验完成情况。问问自己：还记得学期开始的时候定下的目标吗？现在都完成得怎么样了？哪些已经完成可以兑换奖励了？

然后，对比目标与现阶段的结果，一般会有三种情况：第一种情况，结果比目标好，这里可以用绿色来标记；第二种情况，结果和目标一样，我们可以用黄色来标记；第三种情况，如果结果不如目标，那就用红色来标记。

**阶段性复盘表**

<table>
<tr><th>学习目标与完成情况</th><th>分析原因</th><th>总结经验</th></tr>
<tr><td>结果＞目标</td><td></td><td rowspan="3">· 闪光点：<br>· 优化改进：</td></tr>
<tr><td>结果=目标</td><td></td></tr>
<tr><td>结果＜目标</td><td></td></tr>
</table>

## 第二步：分析原因

接下来，我们要仔细想一想目标完成或者没完成的原因，看看之前定的目标是不是太难了。确定目标没问题后，再来找找自己有哪些闪光点和不足之处。

这里呢，还是根据三种情况来跟大家一起讨论：

第一种情况，结果超越目标。问问自己：在执行计划的过程中感觉怎么样？有没有遇到什么困难，还是说特别简单特别快就搞定了？如果我们觉得目标很简单，完成任务很轻松，甚至有些随意，那就表明目标定得太低了。我们之后就需要适当地提高目标难度。

第二种情况，结果和目标一致。先给自己点个赞吧，因为我们顺利完成目标了！然后问问自己：学习过程中感觉怎么样？有没有遇到什么困难？如果觉得有点难，但是通过努力能克服的话，那就说明目标是合理的。我们就可以回忆一下自己做得好的地方、遇到的问题，以及可以改进的部分。但如果我们觉得任务比较简单，按部就班就能完成，那就说明目标难度定得有些低了。

第三种情况，结果不如目标。我们应该怎么办呢？哪怕没有完成目标，也不用着急难过，先找找自己的优点，然后多问自己几个“为什么”，找到没有完成目标的真正原因，是目标定得太难了？还是因为哪些该做的事情没有做？或是哪些事情没有做好，还可以怎么努力？

## 第三步：总结经验

首先，要学会总结自己的长处、闪光点以及未来可以继续保持的方面。比如，我们发现考试的时候用好草稿纸，可以避免遗漏做题步骤，还能帮助我们理清思路，那之后就要继续保持这个好习惯。

其次，要学会总结失败的教训，找到改进的对策，知道“更好的可能性”在哪儿。同样分三种情况：

第一种情况，结果超越目标。要是因为目标定得太简单了，就需要重新制定目标；要是因为用了新的学习方法，那以后也可以继续用这个方法。

第二种情况，结果和目标一致。那就要根据我们分析出来的原因，提出可行的改进方案，比如我们发现考试中做错的一道题其实已摘抄在错题集上，只是考前来不及看错题集。那以后的考前复习中，就可以把复习错题集的时间纳入计划中了。

第三种情况，结果不如目标。要是目标设置得太难了，我们就要重新设置更合适的目标。要是发现有些环节没做或是做得不到位，那就得想出可行的补救方案，比如通过检查或用草稿本提前写好关键步骤，这样就能减少因为粗心而犯下的错误了。

## 攸攸教授心里话

复盘，最早是一个围棋术语。对弈双方每下完一盘棋要重新走一遍，研究哪些棋走得好，哪些棋走得不好，还有哪些棋可以走得更好，这个过程就是“复盘”。如果能够养成定期复盘的习惯，那么我们将会拥有清晰的目标意识、敏锐的问题识别与分析能力，可以轻松完成目标，甚至超额完成计划。

# 9. 艾宾浩斯记忆法，复习回忆不费力

1分钟小漫画

# 睡得饱，考得好！

## 攸攸教授有方法

为什么我们总是记不牢又忘得快？想知道关于大脑的记忆真相吗？让我们一起了解艾宾浩斯记忆法和大脑保养的小贴士，用科学的方法增强我们的记忆力吧！

## 为什么我们记不牢还忘得快？

第一，没利用好人脑记忆的规律。人脑会遗忘所记忆的信息，这种遗忘并不是随机的，而是有规律的。德国心理学家艾宾浩斯对记忆的遗忘过程进行了系统研究，首次发现了大脑遗忘的规律，并由此绘制出了著名的艾宾浩斯遗忘曲线。

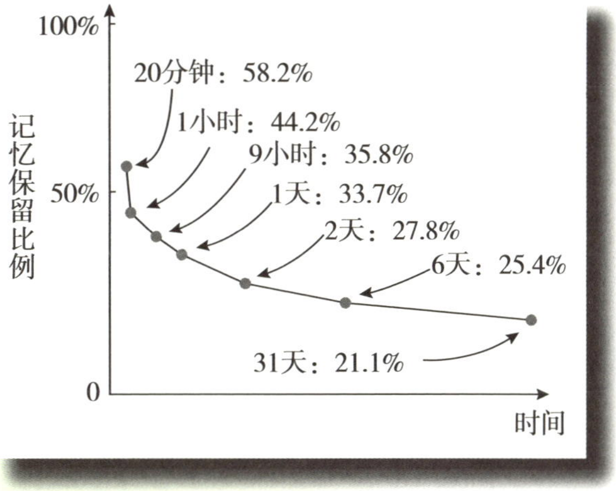


如图，纵轴表示记忆保留的比例，横轴表示时间。可以看到：20分钟后，我们能记住的内容就只剩一半多一点了；9个小时后，能记住的内容仅为35.8%；1个月后，就只剩下21.1%了。通过这个曲线图，我们可以发现遗忘的规律：刚开始遗忘速度很快，遗忘量也比较大，但随着时间的推移，遗忘速度会逐渐变慢，遗忘量也会逐渐减少。因此，如果我们想克服遗忘，就要遵循规律，及时复习。

第二，睡眠不足会阻碍记忆的巩固。我们大脑里有一个部位叫海马体，它负责巩固大脑每天接收的众多消息中重要的信息，并将这些信息变成长期记忆。而这个工作在什么时间完成呢？就是在人睡觉的时候。长期睡眠不足会导致精神萎靡不振，记忆力也会随之下降。所以，我们一定要保证充足的睡眠。

## 艾宾浩斯记忆法

想要克服遗忘，关键在于利用遗忘曲线，在合适的时间间隔进行复习。具体要怎么做呢？

我们可以按照遗忘曲线，挑出遗忘速度最快的那几个时间点进行复习。不过，在日常学习中，卡着时间点去复习可不太容易。所以，我们得根据自己的学习时间，确定最合适的复习间隔，也就是“课后—当晚—第二天—第六天”。那怎样才能让复习变得更简单呢？我们可以做一张艾宾浩斯曲线复习计划表来提醒自己。

我们可以先准备一个笔记本，专门用来做复习计划表。然后，在本子上照着下面的示例画出一张表。一般来说，一张表对应一个科目会比较好，这样看起来清楚又简洁，查阅起来也方便。

比如，12月1日的语文课上学习了《赠刘景文》，老师要求背诵。那当天晚上，我们就在“序号”列对应的空格写“1”，然后分别在“初次学习日期”和“学习内容”对应的空格里写上“12月1日”和“背诵《赠刘景文》”。

如果课下复习了，就在“课下”对应的空格写“1”并打钩。

如果当晚复习了，就在“当晚”对应的空格写“1”并打钩。

接着，在“第二天”的空格下一格写“1”，表示第二天，即12月2日还要复习。

在“第六天”的空格下六格写“1”，表示第六天，即12月6日还要再复习。

这样，我们就得到了这张表格。

**艾宾浩斯曲线复习计划表**

| 科目：语文 | | | | | | |
|---|---|---|---|---|---|---|
| 序号 | 初次学习日期 | 学习内容 | 复习周期（在复习后打钩） | | | |
| | | | 课下 | 当晚 | 第二天 | 第六天 |
| 1 | 12月1日 | 背诵《赠刘景文》 | 1√ | 1√ | | |
| | | | | | 1 | |
| | | | | | | |
| | | | | | | |
| | | | | | | |
| | | | | | | 1 |
| | | | | | | |
| | | | | | | |
| | | | | | | |
| | | | | | | |
| | | | | | | |

每当我们学习了新的内容，就把它们写到下面的序号里面，再按照同样的步骤来复习。有了表格的提醒，即使到了第六天，我们也能记得完成序号“6”对应的课后及当晚的复习，接着完成序号“5”对应的第二天的复习，最后还要完成序号“1”对应的第六天的复习。

## 艾宾浩斯曲线复习计划表

科目：语文

| 序号 | 初次学习日期 | 学习内容 | 复习周期（在复习后打钩） | | | |
|---|---|---|---|---|---|---|
| | | | 课下 | 当晚 | 第二天 | 第六天 |
| 1 | 12月1日 | 背诵《赠刘景文》 | 1√ | 1√ | | |
| 2 | 12月2日 | 背诵《山行》 | 2√ | 2√ | 1√ | |
| 3 | 12月3日 | 背诵《夜书所见》 | 3√ | 3√ | 2√ | |
| 4 | 12月4日 | …… | 4√ | 4√ | 3√ | |
| 5 | 12月5日 | …… | 5√ | 5√ | 4√ | |
| 6 | 12月6日 | 《秋天的雨》13个生字 | 6√ | 6√ | 5 | 1 |
| | | | | | 6 | 2 |
| | | | | | | 3 |
| | | | | | | 4 |
| | | | | | | 5 |
| | | | | | | 6 |

为了让复习更高效、更有趣，这里给大家推荐一些方法，适合我们在不同的复习次数时使用。

第一个方法是“翻书”复习法，适用于第1、2次复习。具体做法是：先看一遍内容，如果内容比较短，可以读一遍，然后遮住详细内容，进行回忆。如果遗忘了详细内容，可以掀开遮挡物，确认内容后继续回忆。由于第1、2次复习是在课后和当晚，根据艾宾浩斯遗忘曲线，这两个时间点的遗忘量最大，使用“翻书”复习法可以降低复习难度，提高复习效率。

第二个方法是“过电影”法，适用于第2、3次复习。具体做法是：在脑海中把知识回想一遍，如果中途有遗忘，不要管它，继续往下复习，直到把内容全部复习完。由于不需要马上翻书，这种复习方式可以在等公车、上学路上、睡前刷牙等碎片时间进行。

第三个方法是自问自答法，适用于第3、4次复习，此时，记忆的知识量已经相对较多了。具体做法是：站在老师的角度，自问自答这节课学到的内容。比如：“《赠刘景文》的作者是谁？”“苏轼。”“第三句诗是什么？”“一年好景君须记。”等。

## 大脑保养小贴士

除了掌握遗忘的规律，我们也要注重大脑保养！大脑保养分为两个模块，分别是夜间睡眠和白天小睡。

## 第一个模块：夜间睡眠

首先，我们要制订合理的作息时间，坚持早睡早起。其次，在睡觉之前，我们不要做容易兴奋的事，也不要大量饮水。做兴奋的事，往往会让我们难以立刻入睡；大量饮水，则会让我们频繁想上厕所，影响睡眠质量。

## 第二个模块：白天小睡

白天小睡可以通过午休来实现。午休对我们大脑机能的恢复至关重要。20 ~ 30分钟的午休效果最好。如果超过1小时，就会产生睡眠惰性，醒来之后人仍然会昏昏沉沉的，大脑无法立即正常运作，我们下午听课的效率反而会变低。

## 攸攸教授心里话

学到了艾宾浩斯遗忘曲线和大脑保养小贴士，我们也可以教给父母和同学，大家一起提升记忆力，拥有“最强大脑”！

# 10. 交替组块法，轻松记忆长知识

# 把知识吃进脑子里

单词太多，一背就是好几个单元。
C D E F G B A
课文太多，背起来拗口还容易混淆。
反反复复背了很长时间……
奋斗
好不容易背完了，却总是记不牢，很快就忘记了。
要是有记忆面包，能把知识吃进脑子里该多好啊！

## 攸攸教授有方法

在背长长的古文古诗或者复杂的英语语法时，为什么我们会经常感到焦头烂额？其实这很正常，毕竟我们绝大多数人都不是天才，没有过目不忘的本领。虽然如此，好的方法却能够像童话里的记忆面包一样，帮我们减负。

## 记忆的“通量”是有限的

你知道吗？我们的大脑能储存的信息容量相当于1万个藏书量为1000万册的图书馆。那为什么记忆起古诗文来还是那么困难呢？这是因为记忆的容量虽然很大，但记忆的通量却是有限的，通量就是一次能记住多少东西，比如妈妈的手机号码11位数能记得住，但是圆周率3.14往后的30位数我们就记不住了。

同一时间，我们的大脑能注意到大量信息，但只能加工少量信息，就像沙漏一样，上面的沙子再多，每秒能漏下来的沙子却是有限的，一旦沙子能顺利漏下来，沙漏下面的容量也是可以非常庞大的。

如果接收了太多信息却不加工，就像沙漏中部太细，就会堵住漏不下去，也就没办法把信息储存在大脑里。所以，记忆信息量大的知识时，最重要的就是找到最佳的记忆“通量”，把知识切成大小合适的一小块一小块，让它们能顺利地从沙漏中间漏下去。

## 记忆长知识的高效方法：交替组块法

交替组块法能让我们轻松记住长知识，不仅节省时间，还能记得牢。

交替组块法可分为两大部分，分别是交替记忆法和组块记忆法。

第一种方法：交替记忆法。我们可以按照以下三个步骤制作出一个学习安排表。

### 第一步：明确学习内容

就像去野餐之前，我们需要事先准备好各种食物和装备，在制作学习安排表时，也要先列出每天的学习内容。

**学习任务安排**

- 背诵英语单词10个
- 做数学练习册第2～3页
- 背诵语文课文一个段落

温馨提示：背诵和非背诵的任务交错进行，重要内容安排在最前和最后记忆，效果会比较好。

## 第二步：确定学习时间

明确学习任务后，还要抓紧有限的时间完成任务，接下来就是分配学习时间了。

为每项任务分配时间。每个背诵任务安排在30分钟以内，每个任务之间留5分钟休息时间比较好，也可以结合番茄时钟法。

**学习安排表**

| 时间 | 内容 |
| --- | --- |
| 19:00—19:30 | 背诵英语单词10个 |
| 19:35—20:00 | 做数学练习册第2~3页 |
| 20:05—20:30 | 背诵语文课文一个段落 |

温馨提示：一些有难度的内容，除了在晚上学习时记忆，也可以试试在睡前或者起床后记忆，效果会更好！

## 第三步：完成后检查

完成记忆任务后，记得及时检查，否则容易遗漏！

每完成一项就在表格对应位置里打钩。

**学习安排表**

| 时间 | 内容 | 完成情况 |
|---|---|---|
| 19:00—19:30 | 背诵英语单词10个 | √ |
| 19:35—20:00 | 做数学练习册第2～3页 | √ |
| 20:05—20:30 | 背诵语文课文一个段落 | √ |

好啦，现在我们就学完了交替记忆法，如果课文比较长，交替记忆之后，还是感觉难背，那怎么办呢？可以试试第二种方法：组块记忆法。按照这四步来就可以了：一拆，二背，三叠，四连。

## 第一步：拆分记忆材料

“一拆”，就是把需要记忆的材料进行拆分。

比如，背古诗时，朗读时根据格律诗的结构用“/”划分，一个划分是一个组块。

六月二十七日望湖楼醉书

黑云翻墨/未遮山，白雨跳珠/乱入船。

卷地风来/忽吹散，望湖楼下/水如天。

温馨提示：无论哪种材料，分割的组块最好为7个或7个以下，尽量不要超过9个。

## 第二步：按组块背诵

“二背”，就是按组块背诵：背完一个组块后，再进行下一个组块。

比如，背课文时，在分好段后，先看第一段有几句话，再把几句话分成几个层次，一层一层地背，很快便能够将第一段背下来。之后的段落也是这样。

温馨提示：不要一直看着课文背，看熟了之后，记得盖上课本来回忆。识记一遍后，迅速闭眼在脑中连续回忆四遍，这样的记忆效果最好！

## 第三步：叠加背诵

“三叠”，就是下一个组块背完时，加上上一个组块叠加背诵，不断巩固。

比如，背课文时，在背熟一段后，再背诵下一段，等两段都背好后，可以将两段合起来，一起背诵。等两段背诵好后，再接着背诵第三段……以此类推，最后让爸爸妈妈一起检查。

## 第四步：连起来背诵

“四连”，就是把刚才背熟的所有组块内容连起来背诵。

比如，如果将一篇课文分为6段，可以在最后把已经背熟的6段课文连起来背，让爸爸妈妈一起检查。

这就是组块记忆法的全部内容，同学们可以试试这种方法，一定会感到轻松很多。

## 攸攸教授心里话

交替记忆法可以帮助我们克服数量多且记不住的问题，组块记忆法可以帮助我们战胜长知识，两种方法结合使用，效果更好！

如果自己很难列出学习安排表或拆分记忆材料，可以向爸爸妈妈寻求帮助，不要着急，慢慢来，相信我们最终一定可以熟练使用交替组块法！

# 11. 充分调动左右脑，轻松搞定文理背诵

1分钟小漫画

# “背多分”

每个科目都有一些需要记忆的内容。
语文
数学
英语
有时候，公式、概念和单词都好枯燥。
完全是硬着头皮在背。
这些古诗又都是什么意思呢？
看着就很难。我反反复复地读，却没在脑子里留下印象。

## 攸攸教授有方法

为什么在背诵时常常感到乏味无聊？只会不断地死记硬背？其实，我们的大脑是有自己喜欢的记忆方式的，只要用一些小窍门，就能让学习变得更有趣，让记忆变得更有效率！

## 左右脑与记忆

死记硬背属于机械记忆，很容易让人感到疲惫，记忆效果也不好。如果能够理解材料的意义，那我们就超越了机械记忆。不过呢，这还远远不够！凭借理解意义的这种记忆方式属于左脑记忆，但只调用一半的大脑来记忆，而闲置了另一半大脑的功能。你知道吗？右脑也是有非常强大的记忆功能的。

根据美国心理生物学家罗杰·斯佩里的左右脑分工理论，左脑是通过逻辑推理来处理并记忆信息的，这种记忆虽然精确，却速度缓慢；而右脑是通过图像来记忆信息的，在情感、想象和图像

方面更占优势，这种记忆生动快速，而且留存时间长。我们不妨回忆一下，自己印象最深刻的回忆是什么呢？我相信这个回忆一定是充满情感和画面的，而不像是背过的复杂的数学公式，对吗？所以，如果想要提高记忆能力，就不能忽视右脑的作用。

## 调动左右脑记忆潜能的方法：意义法和图像法

现在，我向大家介绍两个非常有效的记忆方法——意义法和图像法。其中，意义法属于左脑记忆，图像法属于右脑记忆，将两者加以结合，可以让你摆脱机械记忆，让背诵变得有趣又高效。

“磨刀不误砍柴工。”在开始背诵之前，花些时间去理解文本意义或者生成图像，虽然会耗费一些时间，但一定比死记硬背记得更快更好。下面就让我们结合这张图表一起学习吧！

| | | |
|---|---|---|
| 意义法 | ①理解内容 | |
| | ②建立新旧联结 | |
| | ③增强联结 | 相似性□　差异性□　其他： |
| 图像法 | ①图像转化 | |
| | ②图像联结（简要记录） | 画面1：<br>画面2：<br>画面3：<br>画面4： |

我们先来看一下意义法具体要怎么操作。

## 第一步：理解内容

想改掉死记硬背的坏习惯，就要领悟句子的意思，我们可以先找到关键词，然后使用表格或图画将关键词串联起来。

比如，比喻的概念是“通过比喻词将本体和喻体联系起来，以使用喻体来描述本体，使其更加生动形象的修辞手法”，关键词是“比喻词”“本体”和“喻体”。其中，“本体”是要描述或说明的对象，“喻体”是用来做比喻的事物，“比喻词”则是连接本体和喻体的词语。可以用一个简单的图示表示出本体、喻体和比喻词之间的关系。

## 第二步：建立新旧联结

在学习新知识时，找出以往学过的有联系的，或者相似的旧知识，把新知识和旧知识联结起来记忆，就像把两块拼图拼在一起一样。

比如，在学习比喻时，我们可以将它与拟人修辞手法联系起来记忆，两者的作用都是让句子更加生动形象。

## 第三步：增强联结

通过一些外部特征来增强知识之间的联结，就像给拼好的拼图再补上一层胶水。最常见的方式是寻找知识点之间的相似性和差异性。

比如，比喻和拟人的相似性在于两者都是增强语言表达效果的修辞手法；差异性在于比喻是用乙事物来描述甲事物，重在以物喻物；而拟人是将事物人格化，赋予其人类的特征或行为。

以上就是意义法的步骤，那如果实在理解不了记忆材料的意思，意义法不就失灵了？

别担心，还有一个办法：图像法。使用这个方法只需要两步。

## 第一步：图像转化

先确定需要重点记忆的内容，然后标注出关键词，把关键词想象成一个个图像。

比如，在记忆“tomato”这个单词时，可以把“t”当作勺子，“o”当作张开的嘴巴，“ma”谐音妈妈，这个就是图像转化。

## 第二步：图像联结

像串糖葫芦一样，发挥想象力，将单个图像串联起来，组成一个富有趣味又有意义的情境。

还是上面“tomato”的例子，想象自己和妈妈拿着“t”形状的勺子，张大嘴巴，一起喝番茄汤的画面。让我们拿起笔画一画，完成图像转化吧。那下次看到“tomato”时，我们想到的就是和妈妈一起喝番茄汤的图像，就能想起它的中文意思“番茄”了。

温馨提示：画面越离奇，记忆效果越好。此外，画面要具体、鲜明、生动，最好能融入个人情感，不要加入太多无关元素，这样记忆会更深刻！

到这里，我们就学完了意义法和图像法，快试试用它们来完成背诵任务吧！

## 攸攸教授心里话

使用意义法时，如果没办法自己理解背诵的材料，可以让爸爸妈妈帮忙分析讲解。

依靠图像记忆，我们能轻松地记住动画片的情节，同样，把枯燥的知识点转换成连环画一样的场景联播，就能轻松地记住知识点了。

# 12. 打造记忆宫殿，知识提取有条理

1分钟小漫画

# 我的收获去哪儿了？

## 攸攸教授有方法

“好不容易才辛苦背完的知识点，想要用到它时，却觉得知识像脑海中胡乱摆放的物品一样，怎么都找不到？这其实是记忆提取出了问题，不过别担心，只要我们对知识进行定位和整理，就可以有效提取记忆了。

## 《最强大脑》选手的记忆宫殿

那么，如何对记忆的知识进行定位和整理呢？大家都知道，在《最强大脑》里有很多记忆“牛人”，其中有一位叫王峰，他能够过目不忘，20秒以内看过一遍扑克牌，就能记住52张牌的顺序，这个速度也打破了当时的世界纪录。他在记忆时就用到了一种方法——记忆宫殿法。

记忆宫殿法就是将自己熟知的场所与所要记忆的事物联系起来，从而完成大量信息的记忆。比如，想象你很熟悉的一个

房间，然后将你要背的单词一个个放在里面，或者是跟房间里的物品进行互动。记忆宫殿的原理就是“以熟记新”，将想要记忆的信息和熟悉的物品捆绑在一起，形成记忆线索，最终在提取记忆时就能很容易地将全部的信息提取出来了。

## 提取记忆的有效方法：三步定桩法

怎样像王峰一样构建我们的记忆宫殿呢？我们可以用“三步定桩法”。大家可以看下面这张表，“三步定桩法”包括建造宫殿、联结记忆槽、反复参观宫殿三个步骤，现在我们就一起来学习这个神奇的记忆方法吧！

**三步定桩法**

| | | |
|---|---|---|
| 建造宫殿 | 选择宫殿 | |
| | 规划路线 | |
| | 找记忆槽 | |
| 联结记忆槽 | 记忆槽1：________→对应信息：________<br>记忆槽2：________→对应信息：________<br>记忆槽3：________→对应信息：________<br>记忆槽4：________→对应信息：________<br>记忆槽5：________→对应信息：________ | |
| 反复参观宫殿 | | |

## 第一步：建造宫殿

就像找寻宝藏需要线索一样，找寻脑海中的知识点也需要线索指引，而建造宫殿就是为了让我们在提取记忆时有线索。

### 选择你的宫殿

选择一个你熟悉的地点或场所作为记忆宫殿，最好是你当前所处的环境，这样能够让你在想象时有身临其境的感觉。

比如，记忆宫殿法中最常用的家居定位，就是用我们每个人都比较熟悉的房间作为“宫殿”。

### 规划一条路线

宫殿已经选好，想要在里面游览，就需要选择一条熟悉的路线。

比如，选择自己的家作为记忆宫殿时，就可以选择“大门—客厅—阳台”这条路线。

温馨提示：所选路线的方向一定要有固定的顺序，不能改变，也不能打乱它！

### 找到记忆槽

在设定好路线之后，还要找出几个记忆槽，就像在景区里，我们顺着路线找到想要打卡的一个个景点一样。记忆槽就是有明显的特征、容易吸引注意的物品，是我们在路线中一眼就可以看到的物品，它是比较独立的，能够很容易和周围的物品区分开来。

比如，我们可以选择沙发作为记忆槽，但是沙发上的垫子就不是很建议作为记忆槽了。

温馨提示：不要找会动的东西当作记忆槽，记忆槽也不要选择太多，否则会增加记忆负担！

## 第二步：联结记忆槽

建造完宫殿，我们就是记忆宫殿的主人了！想要好好利用这个宫殿，首先要做的就是联结记忆槽，联结也就是发挥我们的想象力，让想要记忆的信息和记忆槽产生一些关系。在想象中，按照我们设定的路线走一遍，把要记忆的信息逐一对应到所选择的记忆槽上，联结就完成了。这个过程就像是把一个个木桩钉在准备好的凹槽里，所以也称“定桩法”。

比如，想要记住“闻”“裹”“休”这几个字，如果选择“家”作为宫殿，设定一条从大门到阳台的路线，分别选取大门、沙发、木头凳子作为记忆槽时，可以这样进行联结：看到的第一个记忆槽是“大门”，想象出一个滑稽的画面，一个黑衣人把鼻子靠在门上闻味道，这就是“闻”字；进入大门后，沿着路线继续往前走，想象沙发上有一个小孩子，他坐上去之后，整个人陷进了沙发里，沙发把他紧紧地包裹了起来，这就是“裹”；然后走到阳台，想象一个满头大汗的人坐在木头凳子上休息，这就是“休”。

温馨提示：画面越生动、越深刻，越容易被记住，尽情发挥你的想象力吧！

## 第三步：反复参观宫殿

多多参观我们的宫殿，才能将里面的内容牢牢记住。就像是一个出租车司机，刚开始时对路线还比较生疏，走过很多遍之后才能把沿途的风景熟记于心。

比如，选择自己的家作为记忆宫殿，就可以从出发到结束，按照记忆路线图完整地走一遍，也可以在纸上画出宫殿路线，回忆记忆槽，并根据记忆槽回想知识点，反复多走几遍。

以上就是“三步定桩法”的全部内容了，你学会了吗？

## 攸攸教授心里话

如果用三步定桩法对记忆进行整理后，在使用知识时还是想不起来，那多半是由紧张的情绪造成的。

别着急！教给大家一个小妙招——放松呼吸法：用鼻子深深地吸气，吸到不能再吸，稍微停顿1秒钟，再用嘴巴慢慢呼气，呼到不能再呼为止。重复数次，就可以在较短时间内得到放松，知识就会很容易在脑海中浮现出来啦。

# 13. 图像式思考，让知识梳理井然有序

1分钟小漫画

# 一片空白

今天真是收获满满的一天呀！
课上学到了很多知识，我也认真地记了很多笔记。
可是，当我回到家里……
今天都学到了什么？
看着密密麻麻的笔记，我却大脑一片空白，回答不出来。
要是这些笔记能像看电视那样自动播放，该有多好呀！
……作文……
+−×÷……
……ABC……
……
……字词句……
……单词造句……
……

## 攸攸教授有方法

虽说“好记性不如烂笔头”，笔记本写得满满当当，可一到用的时候就脑袋空空，课上学过的知识转头就忘，你是不是也会因此而郁闷呢？别灰心！只要掌握了正确的思考方法，我们就能把知识轻松拿下！

## 爱因斯坦与图像式思考

大家都知道爱因斯坦吧？他可是个超级有名的科学家呢！爱因斯坦在专利局工作期间，经常要处理各种复杂的机械装置和电子线路的专利申请。面对这些难题，爱因斯坦不得不飞速转动大脑，让这些机械装置和电子线路在脑子里“转”起来。他发现，这种图像化的思考方式可以让他更直观地理解和处理信息，提高解决问题的效率。

爱因斯坦说过，他在思考问题时不喜欢用文字，而是更喜欢用图像。他在大脑里用图像搭建起物理过程和场景，把各种抽象的概念转化成动态

的原点和曲线。通过这种方式，他能够更加深入地理解物理现象。这种图像式思考方式就像爱因斯坦的秘密武器，为他在物理学领域取得重大突破打下了坚实的基础！

## 有效提升思维能力的方法：图像式思考

想让图像式思考更高效，思维导图可是个很棒的小助手！它用图形和分支结构，给我们的图像式思考搭起一个可视化的框架，就像变魔术一样，能把大脑里的知识网络变成一张可以看见的图片，让信息一目了然。用思维导图可以帮我们把重点知识一网打尽，还能帮我们更好地理解知识，活学活用，事半功倍呢！

具体来说，思维导图由以下五个部分构成：

1. 中心主题：每张思维导图都有一个主题词，它能够概括整张图的内容，比如第三单元、古诗三首、某书的读书笔记等。

2. 线条：分为主干和分支，它们代表知识的延伸，由粗到细，就像树干和树枝一样。

3. 关键词：每个主干和分支上都有一个关键词，比如，英语第一单元的思维导图，关键词可以是词汇、句型、语法等。

4. 图像：根据主题词和关键词，简单地画出相关图像，可以帮助大脑更快地理解和记忆。

5. 颜色：在思维导图中运用多种颜色，可以提升记忆效果。

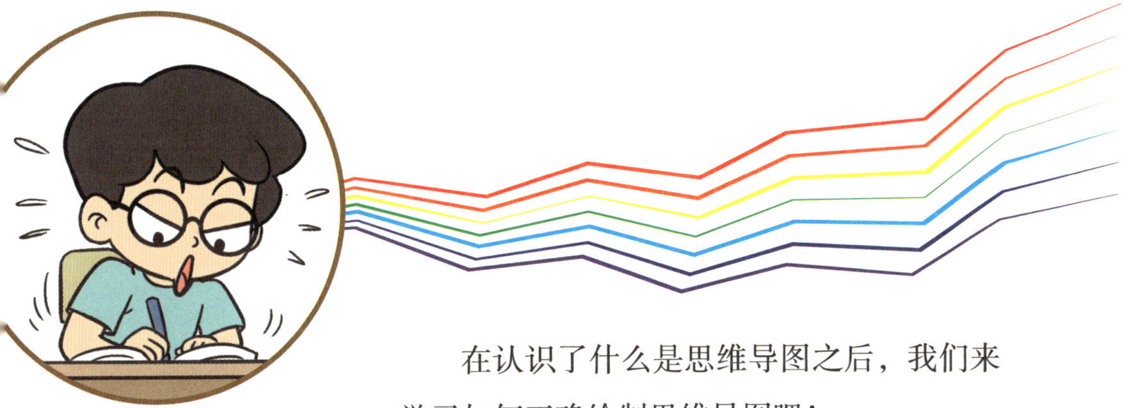

在认识了什么是思维导图之后，我们来学习如何正确绘制思维导图吧！

## 第一步：标记知识点

在绘制思维导图之前，要先把知识点标记出来，这可是关键步骤，千万不能少！具体来说，我们可以依次圈画出主题、主干、分支。

比如，《西沙群岛》这篇课文，我们先把课文标题圈起来，这就是主题。接下来，可以阅读一遍课文，看看这篇课文可以分为哪几个部分，然后圈出每部分的关键词。课文中，“海水、海底、海岛是西沙群岛美丽富饶的三大特色”，这些就是主干。最后，再分别把描绘海水、海底、海岛的关键词圈画出来，也就是分支。

## 第二步：画出框架

知识点已经标记好了，现在可以动手画思维导图了。

首先，可以在白纸的中间画一个大小合适的方框，写上主题，接下来要做的就是画出主干和分支。

画主干和分支时，有两个要点要注意：

1. 主干和分支线条粗细要不同，主干比分支粗一些，颜色要画满枝干内部。

2. 合理使用颜色，不同分支用不同颜色，每个分支内部用相同颜色，这样会容易区分，画面也会更丰富。

主干和分支就像思维的路径，由你来决定它们的走向，看着思维导图的主干和分支的不断丰富，相信我们都会为自己感到骄傲！

## 第三步：写上关键词

这一步要求我们在每个主干和分支后面写上关键词。思维导图凝练的是最重要的信息点，所以写好关键词非常重要。很多同学会直接把知识点的全部文字抄上，这可不对。正确的做法是，每个分支上的文字要尽量简练，控制在2～6个字。

比如，在《西沙群岛》一课中，我们摘抄的关键词有两个字的“海水”，三个字的“深蓝的”，四个字的“五光十色”，六个字的“懒洋洋地蠕动”。

## 第四步：添加图画

图画可是快速记忆的好帮手，我们要尽量在每个关键词旁边画出相应的图像。

比如，在《西沙群岛》的思维导图中，可以在“海水”旁画上几条蓝色波浪线代表海水，在“海底”旁画上珊瑚代表海底，在“海岛”旁画出小岛的轮廓代表海岛。

温馨提示：不是要画得像才好，只要能画出代表主题的意思就很棒啦！

到这里，一张思维导图就做好啦！相信同学们一定会在绘制思维导图的过程中收获满满的成就感，赶快动手试试吧！

## 攸攸教授心里话

画图像时，如果是实物，我们可以简单描绘它的形状和特点，比如，眼睛可以画成一个椭圆加一个实心点；如果不是实物，比如“北京”，那就可以尽情想象啦，比如画出“故宫”“天安门广场”等等。如果暂时想不出来，那就先不管它！因为思维导图的重点是内容和结构，绘图可以根据实际情况来取舍。

# 14. 日常生活多留心，培养数理逻辑力

# “死敌”

几何题一向是我的“死敌”。
VS
几何
打开题册，看着眼前一道道空间题，几何旋转，真是让我头晕眼花。
平时看同桌做几何题总是又快速又准确。
我怎么就不行呢？
但我不能认输！
我什么时候才能征服数学呢？

## 攸攸教授有方法

做数学题时，感觉脑海中的思路像是会隐身术一样，消失得无影无踪，数学成绩也总是不理想。这可太让人发愁啦！在生活中多锻炼自己的数理逻辑能力，对提高数学成绩可有帮助呢！

### 数感和空间感

怎样在日常生活中培养数理逻辑能力呢？可以试试从这两个方面入手：数感和空间感。数感就是对数的感知能力。数感好的人，算数又快又准，做题时能迅速找到各种数量关系，以后学习各种函数也是轻轻松松。而数感差的人呢，面对运算就像看天书，搞不清数与数之间的关系，也不明白为什么要用A除以B。

空间感就是对几何空间的感知能力。空间感好的同学，学习几何时，用眼睛一看，再用工具一比对，脑子里就能出现三维立体图。而空间感差的同学，就很难把二维平面转化为三维图形。

想知道自己的数理逻辑能力怎么样吗？用下面的问题来测试一下吧！如果下面的陈述符合你平时的表现，请在句子前的“□”里打钩。

**自测题**

□ 1. 擅长算术，生活中的数学问题能很快口算出来。

□ 2. 对于生活中数的概念很清晰，往往能准确说出物品的重量、长度、价格等。

□ 3. 对于简单的空间和几何题，比如拼图、数方块，能通过想象得出答案。

□ 4. 解题时，喜欢并擅长用画图来帮助作答。

□ 5. 在生活中，能较快辨别自己或建筑物的方位。

前两道题与数感有关，后三道题与空间感有关。如果前两题你都打上了钩，那说明你的数感很棒；如果后三题你打了2～3个钩，那就意味着你的空间感也很强！

那么，有没有哪方面是你需要提升的呢？

## 提高数理逻辑力的方法：培养数感和空间感

接下来，我就给大家介绍一下怎样在生活中培养数感和空间感，这些方法可好用了，不但能让我们的数学成绩更上一层楼，还能帮助我们把学到的知识运用到生活里，解决实际问题，一举两得！

首先，我们来学习如何在生活中锻炼数感，主要有两个方面：日常数量估算和数感游戏。下面我先向大家介绍几种日常数量估算的方法。

## 一、估算金钱

大家喜欢逛超市吗？这可是个绝佳的锻炼机会呢！我们在超市购物的时候，可以自己算一算要花多少钱。比如，每往购物车里放一件东西，就把它的价格给加上。这样的锻炼，能让我们熟悉加法运算，提高口算的熟练度。而且在购物过程中，需要一直记住目前购物车里商品的金额，所以还能锻炼我们的短时记忆能力。

还有一个方法，就是让爸爸妈妈给我们设置一个限额，然后去挑选自己喜欢的东西。比如限额20元，我们可以买玩具、零食，但是总价不能超过20元。这时我们就需要自己计算总价，而且计算时要精打细算，这样就能锻炼计算能力了。

除了购物，我们还可以有意识地利用生活中的各种场景，自己多去计算，让数感的锻炼融入生活的点点滴滴。

## 二、估算时间

我们可以在写作业或做其他事情之前，估算一下完成的时间。等完成后再看看时间，跟预估的时间对比，这样可以帮助我们巩固时分秒的概念。

另外，还可以试着和爸爸妈妈做一些口头的日程安排，比如周末一起外出，有好几项活动，那就自己计划一下几点出门，几点到达第一个地方，玩多久，然后几点去下一个地方，路上又要花多少时间，这段时间可以做些什么等。像这样日常生活中的小问题，也能提升我们对时间的感知和规划能力。

## 三、估算重量

我们平时可以多去对比估算家中常用物品的重量。比如，估算家里的鸡蛋放在一起有多重？再和一袋苹果比一比，哪个更重？这样可以提高我们对重量的感知，巩固克、千克这些重量单位的概念。

当然，除了重量之外，还可以去估算物品的长度、面积等，这样我们在课本上学会的数量单位就能在生活中派上用场了！

除了借助日常物品进行训练之外，还可以通过游戏来锻炼数感，比如常见的数独。

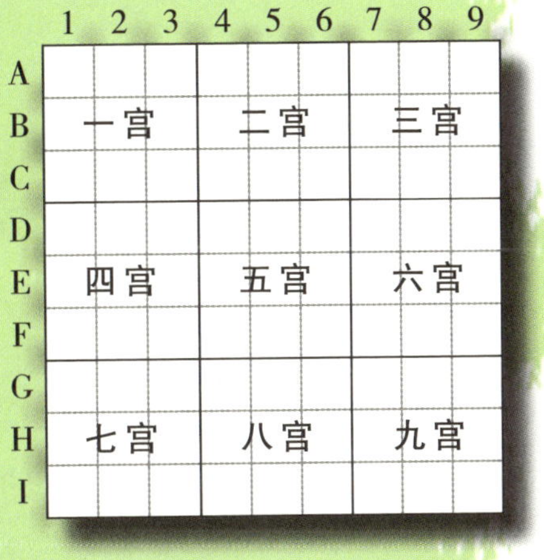


数独是一种方格智力游戏，它要求每一列、每一行、每一宫的数字都不能重复，能很好地锻炼数感和推理能力。

好啦，数感的锻炼方法就讲到这里，接下来我们再一起看看怎样在生活中培养空间感吧！

平时和爸爸妈妈出门，就是最佳的锻炼时机。在出门前，可以跟爸爸妈妈商量好，这次由我们来带领他们去目的地。首先，打开爸

爸妈妈手机上的地图，找一找：我们要去的地方在哪里呢？用手指一指。然后，试着给爸爸妈妈指路导航。出去逛商场或者超市的时候，也可以试着记住走过的路，给爸爸妈妈当一回“小导游”。

除此之外，还有很多游戏也可以锻炼空间感，常见的有华容道、魔方、乐高积木、拼图等。

华容道是一种棋盘策略游戏，需要移动棋子，用最少的步数将目标棋子移到出口，这个游戏可以有效提升大脑中路径移动的思维。

相信大家都见过魔方，它需要我们将同一颜色转到同一个面。玩的时候，需要不停地思考和想象立方体的转动和变化。

另外，玩乐高积木和拼图也能帮助我们提高动手能力和空间感。

以上就是在生活中培养数感和空间感的一些方法，同学们快去试试吧！

## 依依教授心里话

可以看到，想要提高数理逻辑能力，不仅需要我们自己利用好生活中的各种场景去多加锻炼，还需要爸爸妈妈的配合。因此，我们可以多和爸爸妈妈商量，邀请他们一起参与日常生活中的练习，这样亲子活动会更丰富，效果会更好！

# 15. 三步解题法，不错不漏好习惯

1分钟小漫画

# 明明都听懂了

## 攸攸教授有方法

遇到数学题就大脑空白，课上一听就会，课下一做就废？做过的题目稍微变一变，马上就迷茫了？别担心，只要掌握了解题的正确习惯，这些问题就会迎刃而解啦！

## 数学高手的秘密武器：解题习惯

当看到别人数学题做得又快又好，自己却做得一塌糊涂时，总是特别羡慕，心里难免会琢磨着："怎么人家就那么聪明，我是不是根本没有学数学的天赋啊？"其实并不是这样的，良好的解题习惯才是数学拿高分的秘诀。

我的邻居家有个8岁的小男孩，名字叫作霖霖，霖霖是个学霸，不仅数学考试次次满分，还自学奥数。看到这里，大家会不会觉得他是天生智商高呢？我原本也是这样认为的，但是，直到后来偶然看到他的练习册，我才明白他数学好的原因。原来他在每一道数学应用题前面都写下了这道题考查的知识点，比如：归一问题、和差问题、相遇问题等，并且他的步骤全写得工工整整的。这才是他天才表现背后的真相。也正是因为这样，不管题目怎么变，他都能够找到解题方法，拿到满分。这就是有好的解题习惯，懂得联系知识点的表现，大家有没有从霖霖身上受到启发呢？

## 攻克数学题的神奇方法——三步解题法

想拥有霖霖那样的解题习惯吗？现在，我就给大家介绍一个非常神奇的三步解题法。有了它，我们就能保持思路清晰，再也不害怕数学题啦！

“三步解题法”包括联系知识点、列出相关数量公式和代入数值计算三个步骤。我们一个一个来看看吧！

**三步解题法**

联系知识点 → 列出数量公式 → 代入数值计算

### 第一步：联系知识点

做题之前想一想：这道题和哪节课的哪个知识点有关呢？如果想不起来，可以从书上或笔记中找到同类型的例题，就能知道这道题对应的知识点了。想起题目考察的知识点后，再想一想：这个知识点讲了什么呢？回忆一下相关知识，这样我们就能把学过的知识用起来了。

比如，看到题目中出现“经过几个小时两船相遇”这样的问题，我们就可以找一找例题，看看有没有出现过“……相遇”的题型，这样就能知道这道题对应的是“相遇问题”的知识点了。

温馨提示：下一次做题前，闭上眼睛花30秒时间回忆一下相关知识点，这样可以更好地将练习题和知识点联系起来。

## 第二步：列出数量公式

公式就像是计算的钥匙，只有把它找出来，才能打开数量关系的大门，才能继续计算和求解。当确定了题目的知识点后，我们就要把数学公式列出来，确定解题思路。比如：

一辆汽车从甲地开往乙地，每小时行50千米，6小时后到达，甲、乙两地相距多少千米？

这道题是考察路程的计算，于是我们可以写出公式：

时间×速度=路程

温馨提示：如果不理解公式，可以画图辅助，它对我们理解题意可有大帮助呢！

## 第三步：代入数值计算

列出了公式，就可以找到相应的量代入公式求解了。

回到刚才的题目，我们就可以对照题目的信息和公式，写出算式50×6=300（千米）。

温馨提示：做题到这一步时，很多同学会开始放松警惕，觉得肯定可以轻松拿满分了，可实际上，计算这一步需要我们格外小心，不然很容易会粗心算错，那可就前功尽弃啦！

做完题目后，我们还需要仔细检查、验算，它就像是给作业加上了一道“保险”，能让我们避免很多粗心的错误。比如，查看是否代入正确，数字有没有抄错，加减乘除有没有写错，是否要换算单位等。

求出结果后，还可以用估算的方法检查一下。比如239+416，我们大致估算结果应该在600～700之间，如果结果大于700或者小于600，那肯定有地方错了。有时间的话，可以再次精确验算。

另外，还要注意看看答案是否符合常识和题目要求。比如一道题是求班级人数，如果求出了25.5个人，不用看题目，我们也知道结果肯定是错的了！

有时候稍微检查一下，做题的正确率就会提高不少，所以，平时一定要养成检查的好习惯。

以上三步已经完成，但是还没结束，我们还要注意下面这三个要点：

1. 对答案。做完题，一定要对答案。如果做对了，看看自己的答题思路对不对，或者还有没有其他的解题方法。如果做错了，就用红笔把正确答案写在旁边，再找同类题目练习巩固。

2. 标注错误点。如果做错了，一定要在题目旁边用简要的符号总结自己的错误点。常见的错误类型有四种：不知道考查的知识点、公式没记住或者记错了、找不到对应的量、计算错误。针对这四种错误，我们可以用不同的符号，在题目前面用红笔标注出来，这样以后翻看的时候，就知道自己的短板在哪个方面了。

3. 典型错题摘抄。如果同一类题目做错两次以上，那么就需要把错题抄在错题集上，每周复习一次，考前也要翻阅，这样在考试中才不会在同类题目上再次犯错。

以上就是三步解题法的全部内容，接下来，同学们就可以选一道最近学习的数学题，试试用这种方法作答啦！

## 攸攸教授心里话

当我们完成了三步解题法的步骤，不要忘了检查一下，对答案和订正也不能落下！有了做题的好习惯，相信大家做数学题会更加得心应手，正确率也会更高。

# 16. 弹弓速读法，快速把握文章重点

1分钟小漫画

# 遨游书海

妈妈常常鼓励我多阅读。
阅读可以开阔视野。
我定下了一个小目标：在这个假期里至少读完一本书。
可是当我兴致勃勃地开始遨游书海……
却发现阅读真不是一件容易的事。
我总是读得很慢，半天过去了也没读完几页。
好不容易读完了，妈妈一问，我却说不上来……
书里讲了什么？

## 攸攸教授有方法

读书总是慢吞吞，读完就像失忆了一样，想不起来书里的内容，仿佛那些文字从未进入过大脑。其实，只要找到正确的阅读方法，提高阅读效率简直就是小菜一碟！

## 弹弓与快速阅读的奇妙关联

大家喜欢玩弹弓吗？其实，玩弹弓和快速阅读有异曲同工之妙！我们都知道，射弹弓追求的是速度和准确度，越快越准就越厉害！而这需要有精确瞄准和平稳拉弓的过程。精确瞄准能帮我们排除干扰，避免错过目标，而平稳拉弓则能保证我们一击即中。快速阅读也是一样的道理，首先，要了解书本的结构，这就跟精确瞄准一样，确保快速阅读的目标不出错。其次，要有标准化的速读动作，这就好比平稳拉弓，能让我们在各种复杂的环境干扰中，依然能够稳稳地收获想要的结果。

# 提高阅读效率的神奇方法——弹弓速读法

现在，我就向大家介绍一个快速阅读的方法——弹弓速读法。它可以帮助我们成为阅读小达人，快速又精准！

弹弓速读法的全流程一共有两个步骤。接下来，我们就一个一个来看看吧！

| 弹弓速读法 | | |
|---|---|---|
| 了解书本结构 | □故事类 | 概述和背景<br>主人公+故事+结局+道理<br>我的兴趣点 |
| | □知识类 | 目录<br>章节结构 |
| 标准化速读动作 | 成片看，不朗读 | |
| | 一边看，一边画 | |
| | 不纠结，不停留 | |
| | 若理解，可跳读 | |
| | 阅读后，请回答 | □能回答<br>□不能回答 |

## 第一步：了解书本结构

就像旅游前要做好游玩攻略和路线规划一样，读书前也要了解一下整本书的结构，做好阅读规划，否则就很容易在细节里迷路，浪费很多时间。

书可以分为很多种，而我们常读的书有两种：故事类和知识类。

### （一）故事类书籍

对于故事类的书，在了解书本结构时，需要把握三个要点。

1．要先了解故事的概述和背景。

概述和背景可以在书的简介或序言中读到，帮助我们了解这本书大致讲什么故事，故事是在什么时代和什么样的背景下发生的。

比如，《鲁滨逊漂流记》在简介中介绍道：“年轻的鲁滨逊，不安于舒适的生活，向往冒险与挑战，一心出海闯荡。航船遭遇风暴，只有他活了下来，漂流到一座无人荒岛。这个孤独的冒险者，遭遇食人部落，敢于搏斗，还出手解救遇难野人……”

2. 要明确故事的结构。

大部分故事都有一个共同的结构，就是：主人公+故事+结局+故事揭示的道理。所以，我们需要带着对这几个部分的思考进行阅读。

比如，《老人与海》的主人公是古巴老渔夫；故事和结局是“主人公在海上与大鱼搏斗了三天三夜，终于把它杀死，而回程时又遭到鲨鱼的袭击，于是又和鲨鱼展开搏斗；虽然最后顺利回港，但捕到的大鱼却没了。”至于故事揭示的道理，也就是个人感悟，有的同学可能觉得遇到困难要斗争到底，有的同学可能会认为做事要量力而行。

3. 要找到兴趣点，选择性阅读。

阅读篇幅较长、故事复杂的书时，先问自己两个问题：第一，我对哪段情节更感兴趣？第二，我对哪个人物的事情更感兴趣？

比如，很多同学喜欢看的《哈利·波特》，总共有七八本，人物也有好几十个，这时就可以选定自己更感兴趣的部分，有侧重性地阅读。

小贴士：这时不妨准备一张小书签，上面写上“主人公”“故事”“结局”和“道理”这几个字，它可以提醒我们有意识地去寻找答案。

## （二）知识类书籍

对于知识类的书，阅读前的准备工作可以分为两个步骤。

1. 看目录、设定问题。

知识类的书不需要一字一句全读完，可以挑自己感兴趣的内容看。这时候，目录可就派上大用场啦！先看看目录，然后想一想：哪些章节最吸引我？我最想了解什么？哪些知识对我有用？想好了，就拿笔在目录上做个标记，把要读的章节标记出来，之后每读完一个部分，就在目录相应的章节那里打个钩。

2. 浏览标题和小标题。

知识类书籍的章节往往结构清晰一致，在阅读之前，我们可以先熟悉一下单个章节的结构，这样就能有选择性地阅读了。

比如，《学习高手“攸”方法》的章节结构是一个漫画案例分享+学习方法或原理的阐述+攸攸教授想对孩子说的话。如果想短时间内快速了解丰富的学习方法和心理学知识，可以只阅读对应章节，而如果想对某个知识点有更深入的了解，就可以结合攸攸教授介绍的学习工具卡勤加练习了。

## 第二步：标准化速读动作

阅读的事前准备完成后，就可以开启快速阅读模式了，标准化速读动作有以下五个要点：

### （一）成片看，不朗读

你知道吗？大脑在处理文字信息时，并不是逐字处理的，而是成片接收的，所以，在阅读时我们也不用逐字去看，可以成片地扫视。

一开始，我们可能还不能扫视太大的区域，这时可以先逐行地来回扫视，等慢慢习惯了，再增加到两行、三行，甚至整段。

### （二）一边看，一边画

在速读时，可以准备好笔，把读到的重点句子画出来，这样不仅能加深印象，还方便以后再读的时候重温知识。

那么，怎样的句子算是“重点”句子呢？简单来说，就是概括性的句子。比如《老人与海》第一句“他是个独自在湾流中一条平底小帆船上钓鱼的老人，这一回已去了84天，没逮上一条鱼”，一句话就交代清楚了故事背景。

## （三）不纠结，不停留

预习课文时遇到不会的字词就去翻字典，这是一个好习惯，不过平时看课外书就不需要这样啦！毕竟阅读的主要目的不是认字，而是吸收书里的内容。如果一碰到不认识的字就停下来查字典，注意力就会不停地被分散，好不容易找到的阅读感觉也会被打断。

## （四）若理解，可跳读

如果在阅读时，发现书里的某个观点自己特别熟悉，那就不用去看相应的论据和例子了。

比如，《给孩子的第一本法律启蒙书》里讲到“网吧和酒吧不得允许未成年人进入”，这一条我们早就知道，那就不用看下面的例子了。

## （五）阅读后，请回答

用了速读法，快是快了，但真的读懂了吗？我们可以用两个问题来检验阅读效果。

如果读的是故事类的书，可以问问自己：“这本书讲了什么故事，能完整地讲出来吗？”以及“我从这本书里明白了什么道理呢？”如果是知识类的书，就问自己：“这本书讲了哪些观点，有什么例子可以证明这些观点呢？”如果能回答出这些问题，那说明确实学到东西了。

以上就是弹弓速读法的全部内容了，你学会了吗？

## 依依教授心里话

成片阅读时，很多同学会不小心漏掉某一行，这说明还不熟练。老师有个小妙招：可以拿一支铅笔做引导，让铅笔快速地一行一行地画过，不用真的画出笔迹，只是做个引导就可以了，铅笔画到哪儿，阅读就跟到哪儿。别着急，相信大家会慢慢适应的。

# 17．精细分析技巧，全面掌握文章内容

1分钟小漫画

# 每个字我都认识!

## 攸攸教授有方法

读不懂文章的深意，感觉阅读理解就像是一场与作者的捉迷藏，很难找到答案？这说明阅读还停留在浅层，而学会深入阅读，就像拥有了透视眼，可以一眼看穿文章的真面目，轻松提高阅读成绩！

## 深入阅读，探寻“冰山”宝藏

你知道吗？就像冰山一样，文章的表面内容只是冰山露出水面的那一小部分。通过浅层阅读，我们就只能看到文字的表面意思，就像只看到了冰山的顶端一样。但是，深入阅读可就不一样了，它就像是去探索冰山的底部，能让我们领略到更丰富、更深刻的内涵，就像发现了冰山底部的巨大宝藏一样！

所以，别只在水面上漂着啦，快去探寻文章深处的宝藏吧！

# 提高阅读能力的神奇方法：双读法

接下来，我就向大家介绍一个深入阅读的好方法——双读法。它包括两个部分，速读和精读。

上一章我们学完了速读法，接下来，我先带大家快速温习一下，弄清楚速读对于后续精读的重要性，再教大家怎样在日常阅读和语文阅读理解中运用精读法。

| 双读法 | | | |
| --- | --- | --- | --- |
| 速读法 | 成片看，不朗读；一边看，一边画；不纠结，不停留；若理解，可跳读；阅读后，请回答 | | |
| 精读课外书 | 词汇理解 | | |
| | 句子品析 | | |
| | 读书笔记 | | |
| 精读语文阅读理解 | 问题类别 | 题目 | 回答 |
| | | | |

有了高效的速读，后续的精读才能顺利进行。速读的主要作用是筛选，也就是将适合精读的内容挑出来，毕竟并不是所有内容都需要精读。在筛选时，可以根据“感不感兴趣”和“是否能学到东西”这两个原则来决定是否要精读这本书。

速读筛选后，就可以开始精读了。在精读课外书时，可以按照以下三步来进行。

## 第一步：词汇理解

和速读不同的是，精读需要我们理解词汇的深层意思。因此，我们要对好词进行具体地学习，做到“不懂就查”。

## 第二步：句子品析

理解了词汇之后，就可以进一步去品析句子了。

语文课上会学到很多写作技巧，包括比喻、拟人等修辞手法，神态描写、动作描写等写作手法，标点符号的不同含义等，我们品析句子就可以从这些方面入手。

比如，在《窗边的小豆豆》中，有这样一句话：“清新的春风从电车里吹过，把孩子们的头发吹得随风摆动，仿佛在唱歌似的。”“唱歌的头发”运用了拟人手法，从孩子的视角观察细节，充分展现了童真，很容易让我们产生共鸣。

## 第三步：读书笔记

想要真正读懂一篇好文章，就得多动脑筋思考，生成自己的感悟。这就涉及阅读后的输出了，而最有效的输出方式就是读书笔记。

读书笔记要怎么做呢？可以试试做感悟型读书笔记，这个方法常见又简单。这种读书笔记结合了文本内容和自己的想法，需要在阅读之后联系生活实际，概括某个能引起思考的情节，再用文字把自己的感受和想法记下来。

比如，读《老人与海》这本书时，看到老人与鲨鱼长达数天的搏斗，我们也许会联想到自己生活中也有类似的事，那就可以记录下来。比如自己生病发烧了几天，当时是什么感觉，又是如何熬过来的，老人与海的故事和自己生病的经历，给了自己哪些启发？

以上是针对日常阅读训练的一些技巧，而想要检验阅读能力，还得用阅读理解题练练手，下面我们就来看看怎样攻克阅读理解这一大难题吧！

在这里，我给大家总结出了阅读理解的四种主要题型：分析字词句、概括文章大意、概括文章中心思想以及谈谈文章对自己的启发。

下面我们就针对这四类题型，展开说说阅读理解的答题技巧。

## （一）分析字词句

这类问题在阅读理解中比较常见，比如，题目会直接问：文中某句话运用了什么写作手法，有什么作用？

在语文课上，我们会学到很多写作手法，回答这类题目就可以从这些写作手法入手，根据不同手法所起的不同作用，结合具体语句和文章背景去理解句子的结构和作用，把句子的意思解释得更详细。

比如，在《桃花心木》这篇文章中，有这样一个问题：“种桃花心木苗的是一个个子很高的人，他弯腰种树的时候，感觉就像插秧一样。”这句用的是比喻的修辞手法，把种树人种树比作插秧。那这个比喻有什么作用呢？大家想一想，与种树相比，插秧是更辛苦的。插秧不仅需要经常弯腰，而且在操作难度和技术要求上都比种树高。这样一分析，就能知道比喻的作用了，原来作者是想生动形象地描述种树人在种树时的认真模样，说明他十分细心地培育着每一棵小树苗。

## （二）概括文章大意

对于这类题目，重点在于抓取关键词和精炼语句。

对于记叙文，可以使用三要素法，也就是了解故事的起因、经过和结果，按照发展顺序来概括文意。

还是《桃花心木》这篇文章，起因是我看见种树人不定期浇水，导致种的树一棵棵死去，而他又会带着新的树苗来补种，经过是我忍不住和种树人交谈，结果是种树人告诉我，这是为了模仿老天下雨，让树苗在不

确定的环境中努力扎根。

议论文和说明文则可以使用串联法，把中心句或关键例子串起来，组成文段大意。比如《真理诞生于一百个问号之后》这篇文章，就是通过“水的漩涡朝逆时针旋转”“紫罗兰遇到盐酸变红”和“睡觉时眼珠会转”这三件事，说明了真理始于问号这个道理。

### （三）概括文章中心思想

对于这种题目，可以使用“通过怎样的故事，赞美了什么，表达了作者怎样的思想感情或揭示了怎样的深刻道理”这样的表述方式来回答。

比如《桃花心木》中，通过记述种树人浇水没有规律的事，借种树比喻育人，传达了作者对于做人要自立自强的感悟，说明了只有在不确定中能经受住考验的人才能成材的道理。

### （四）谈谈文章对自己的启发

对于这种问题，我们可以先解释下原文，找到原文作者提出的观点或感悟，再联系生活中与之类似的事件，进一步验证文章的道理。

比如《桃花心木》中，从“种树的人不再来了”这一举动，可以感悟出什么呢？文章说明了自立自强的重要性，阐述出这点后，我们就可以结合生活中的例子，比如自己做饭、自觉完成作业这样的生活事件，来印证学会独立的重要性。

以上就是双读法的全部内容啦，同学们学会了吗？

## 攸攸教授心里话

陶渊明说过：“好读书，不求甚解；每有会意，便欣然忘食。”强调“会意”的读书方法，不是降低了阅读要求，而是在“识字”的基础上前进了一步，倒是提高了阅读要求。因为毕竟“会意”比“识字”更难，“识字”只要下苦功夫还是能做到的，而“会意”则需要有更多的文化知识和社会阅历。

# 18. 善用三步采药法，写作素材翻一倍

# 满分作文

唉，作文可真难写呀!
作文
……
我冥思苦想了很久，还是一点儿灵感都没有。
我真希望有一个小仙女，魔杖一挥就能变出无数篇满分作文来。
可这终究只是幻想。
我只好继续在记忆库中搜索……

## 攸攸教授有方法

你也在为写作文犯愁吗？没灵感、不知道写什么、几个素材来回用……这些都是因为素材积累得太少啦！学会有效积累素材，可以让我们灵感爆发，作文轻松拿高分！

## 从跬步到千里：素材积累之道

荀子说过：“故不积跬步，无以至千里；不积小流，无以成江海。”意思是，不积累一步半步的距离，就没有办法达到千里之远；不积累细小的流水，就没有办法汇成江河大海。任何事情都需要一个积累的过程，写作也是这样。写作文就像盖房子，素材就是我们盖房子的砖瓦。如果没有一块一块的砖瓦，怎么能盖出漂亮的房子呢？同样，如果我们不一点一滴积累作文素材，怎么能写出好的作文呢？

## 积累素材的有效方法

接下来，我就向大家介绍两个积累素材的方法——三步采药法和生活记录法。

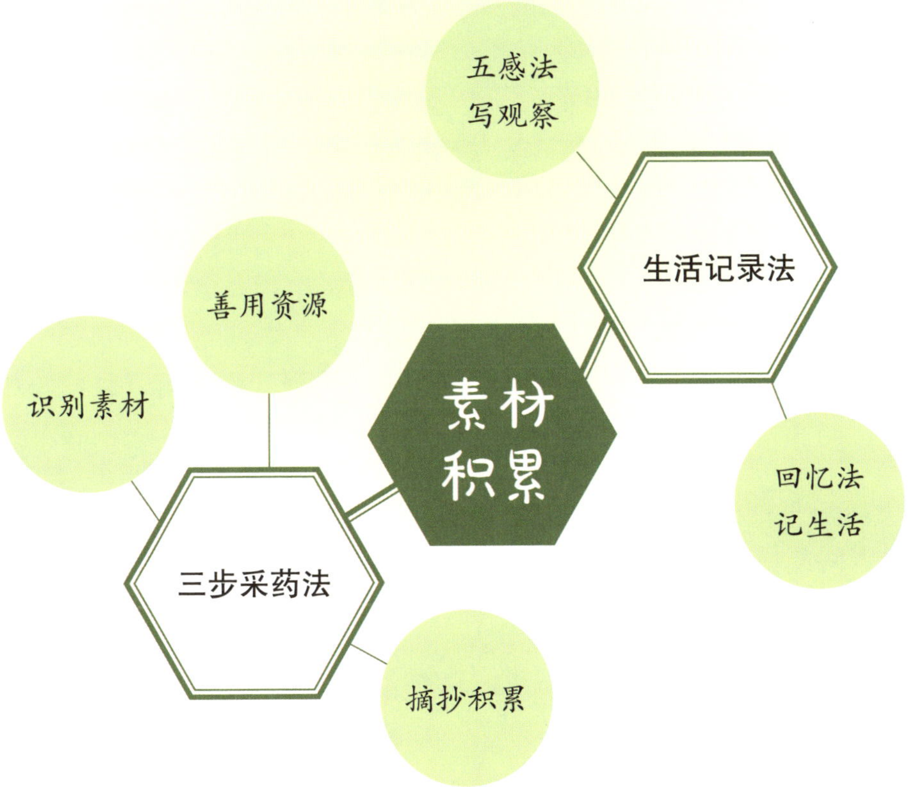


## 一、三步采药法

首先是三步采药法，就像采药一样，要先找到药材产地，再找药材，最后采摘下来分类放好。素材积累也分三步，下面我们一起来看看吧！

## 第一步：善用资源

我们身边好多阅读材料都可以当作素材积累的宝库呢！平时最常写的是记叙文和议论文，我们分这两类来看。

1. 记叙文

记叙文的最佳素材来源是经典文学作品。这些作品不仅有丰富的人物形象、壮丽的山河风光、精妙的结构句式，在写人、写景、叙事的作文中都能用上，还传递了不朽的精神品质，能让我们的作文立意更棒。

2. 议论文

议论文强调的是提炼观点，以及通过论据让别人信服我们的观点。因此，我们平时可以多看看新闻时政，了解社会动态，向主持人或记者学习表达自己的看法。到了高年级，认字多一些，也可以试着阅读报刊，看看时事评论。

另外，还可以多阅读人文社科类书籍，像政治、经济、历史类，既能丰富常识，又能帮我们找到看问题的新角度，说出新的感悟和观点。

## 第二步：识别素材

好词、好句、好文段，可都是写作的好材料呢！

1. 好词

好词又包括词语和成语。比如，那些刻画人物外貌、表情、行为、心理等特点的词语，像捧腹大笑、忐忑不安等；或是概括人物品质的词语，比如爱国、好学、勇敢等；又或是描写山川河流、湖光山色等风景的词语，比如春暖花开、夏日炎炎等；还有一些富含寓言、哲理的成语，也是不错的素材。

2. 好句

包括名人名言、歇后语，还有带修辞的精彩句子。比如，富兰克林的名言：“希望是生命的源泉，失去它生命就会枯竭。”这就可以用在写“希望”主题的作文中。歇后语：“铁公鸡—— 一毛不拔”可以用来描写吝啬、小气的人。

3. 好文段

具体又分为记叙文、议论文、应用文。

首先是记叙文，平时看到描写细致的文段，可以想一想：这个文段我能模仿着写进自己的作文里吗？

接着是议论文，看到好的论点和论据时，想一想：作者是怎样总结观点、罗列论据去说明的？用了哪种论述方法，举例、用典还是对比？有哪些素材能用来举例？有没有好典故可以学习？

最后是应用文，在阅读时看到写得好的素材，也可以把它们记录下来。

## 第三步：摘抄积累

学会识别素材之后，就可以摘抄积累了。这里有个小口诀：先标记，后摘抄，最后再分类。

1. 先标记

在阅读时，可以在好词旁边打钩，在好句下面画横线，在好文段首尾标上括号。

2. 后摘抄

做好标记，就可以开始摘抄啦。我们可以准备一个活页本，方便后续分类。

在摘抄时，为了方便以后查找素材，可以在摘抄的内容前面写上关键词，并且把与关键词相似或者相同的素材尽量抄写在同一页上。

好句的关键词可以写多个，可以是主题、写作手法或句子出处等。比如，“咔嚓，电闪着一道道白光，像挥舞着一把利剑；雷发出隆隆的响声，好像在空中击鼓。”关键词可以写“雷雨”和“比喻句”。

对于好的文段，可以按照文章类型来找关键词。

记叙文的关键词可以是描写对象和手法。比如：“逐渐淡去的黑云间，有几颗星羞答答地眨着眼……”关键词可以是“星星”和“拟人”。

议论文的关键词可以是文段的论点和论述方法。比如：“当人们制造垃圾、破坏植被、污染海洋的时候，我仿佛听见了地球

母亲哭泣的声音……”这段的论点是“爱护环境”，用了“拟人”手法，这两个都可以作为关键词。

3．最后再分类

最后，可以按照写人、写事、写景、写物来进行分类整理，并在同类素材第一页的侧边贴上标签纸，这样在我们需要的时候就能很快找到了。

三步采药法讲了如何通过阅读积累素材，可光读书还不够，提高生活感受力也很重要。想要做到这一点，生活记录法可以帮到我们！

## 二、生活记录法

我们可以准备一个日记本，专门用来记录每天观察到的人、事、物。等写作文时，翻翻日记本，回味那些触动自己的事情，说不定灵感就来了。

当然，写日记也有小窍门，比如，记录人或物时，可以通过“五感”来感受，也就是视、听、嗅、味、触，通过这些细节描写，我们对生活的感受力会大大提高，再也不怕写不出东西了。

比如，我们可以仔细感受：早晨的街道是什么样的？先用眼睛仔细观察：刚出炉的肉包上冒着热气；用耳朵仔细聆听：一个小男孩缠着妈妈给自己买喜欢的烧卖；深呼吸一口气，闻到了糯米鸡的香味；忍不住买一个尝尝，尝到了软糯香甜的味道；糯米鸡还热乎乎的，摸一摸，感觉还有点儿烫。通过五种感官，就能把一个早晨发生的事写下来了，并且还能写得非常生动细致。

| 五感法写观察 | | |
|---|---|---|
| 视 | 我看到了…… | 形状、颜色、位置、变化、联想 |
| 听 | 我听到了…… | 位置、响度、音调、音色、想象 |
| 嗅 | 我闻到了…… | 气味浓淡、联想 |
| 味 | 我尝到了…… | 酸、甜、苦、辣、咸 |
| 触 | 我感觉…… | 温度、湿度、硬度、想象 |

如果是叙事呢？可以通过回忆法来记录生活。我们可以选一两件印象最深的事写进日记里。

比如，今天和同桌闹矛盾了，很委屈，那就可以回忆这件事，当时都说了什么话？做了什么动作？有什么样的表情？尽量把细节都写出来。

另外，还可以试着写出对这件事的感受和想法，比如：“为什么我会觉得委屈呢？接下来我打算怎么做呢？”

到这里，我们就学完了积累素材的两种方法，你学会了吗？

## 攸攸教授心里话

三步采药法可以帮我们积累素材，在作文中更好地运用素材，让表达更有文采。而生活记录法能帮助我们提升对生活的感受力，在作文里写出真情实感。想要作文优秀拿高分，两种方法缺一不可！